Dieses Buch hätte nicht entstehen können
ohne die Mithilfe und Beratung vieler freundlicher Menschen in
der Toscana, für die folgende Personen nur stellvertretend genannt
werden können: Norman M. Bain, ein »viticultore« aus Passion, die Familie
Marziali vom Ristorante »Archimede« in Reggelo, die uns kulinarische, und
Veronica Mercogliano, die uns sprachliche Hilfestellung bot, schließlich
Mucki und Gert Nestler und die Familie Ticci aus Ville di Corsano.
Ihnen allen sei für die unerschöpfliche Geduld und die großzügige
Gastfreundschaft gedankt, die wir zu jeder Zeit
und an jedem Ort erfahren haben.

Bruno Hausch

Die Küche der
TOSCANA

Land und Menschen
vorgestellt von Leonhard Reinirkens
Rezepte von Margrit Henn

Hädecke Verlag Edition Hausch

ISBN 3-7750-0155-7

Inhalt

I.
Die Toscana, ein Land ohne Üppigkeit

Wir Touristen lassen uns gerne täuschen von Sonnenschein und blauem Himmel, von der Pracht alter Bauten, der langen Speisekarte im Ristorante, dem preiswerten Landwein, den Märkten voll von Gemüse, Früchten, Fisch und Geflügel: Ein Schlaraffenland!

»Ein schöner Garten tat sich vor
    mir auf;
Mit Würsten war'n die Reben dort
    gebunden,
Und guter Wein floß in der Bäche
    Lauf;
Ich hab, soviel ich wollt', davon
    getrunken.

Kapaunen gab's, daß dir dein
    Herze lachte;
Und Käse, brockenweise und ge-
    rieben;
Und eine Frau, die Nudeln
    machte;
Soviel du willst, kannst du ins
    Maul dir schieben.

Da kommst du an und setzt dich an
    den Tisch.
Gebrat'ne Tauben, Wachteln wer-
    den dir serviert;
Da kriegst du Rebhuhn, Ente und
    gekochten Fisch.

Und keiner kommt am Schluß, der abkassiert.«

Ein toscanischer Traum vom Schlaraffenland aus dem 16. Jahrhundert. Aber: »Wer viel vom Essen träumt, hat wenig zwischen den Zähnen«, sagt ein italienisches Sprichwort. Die Toscana war – bis auf die Städte, wo Kaufleute und Bankiers den Reichtum schufen – ein armes Land. Erst die runden fünfzig Jahre, in denen dort im 18. Jahrhundert habsburgische Erzherzöge regierten, haben für die Landbevölkerung Verbesserungen gebracht. Das italienische

Wirtschaftswunder, das in den sechziger Jahren anhob, hat mit dem Aufbau von Industrien Arbeitsplätze geschaffen, Verdienstmöglichkeiten außerhalb der Landwirtschaft.

Aber immer noch ist die Toscana ein Bauernland, und immer noch liegen dort die Erträge unterhalb des italienischen Durchschnitts. Das sagt nichts aus über die Qualität der Erzeugnisse: Die kleinen Olivenbäume auf den Bergen des Chianti - classico - Gebietes liefern feineres Öl als die kathedralenhohen Olivi Apuliens, aber sie erfrieren auch in manch strengem Winter.

»Il proprietario di campagna trema sei mesi dal freddo e sei dalla paura.«

Ein toscanisches Sprichwort: »Der Bauer zittert sechs Monate im Jahr vor Kälte und sechs Monate vor Angst.« – Angst um den Ertrag der Ernte. Ein Gebirgsland: Die Toscana ist durchzogen vom Apennin, den man hier zu Recht »Alpi apuani« nennt, weil er zu Alpengipfelhöhe aufsteigt, und auch die »Hügel« des Inneren erreichen mehr als

600 Meter. Auch das wird dem Touristen selten bewußt, der auf der Autostrada ins Land fährt und sich dann im Küstensand braun braten läßt.

An der Paßstraße, voll von Löchern und übersät mit Geröll, die das Massiv des Monte Tambura überquert, sah ich am Fuß eines felsigen Abhanges bei einem Bachlauf ein efeuüberwuchertes Bauernhaus. Ich stieg hinab. Das Haus war längst verlassen. Man erkannte die Küche mit dem Kamin, einen Schweinestall daneben, alles aus unbehauenem Stein geschichtet. Jenseits stieg das Gelände wieder steil an; soweit es möglich war, hatten Generationen von Bauern den Boden in kleine ebene Flächen terrassiert. Dazwischen erhob sich ein verfallener Ziegenstall. Alles war jetzt mit kümmerlichem, vertrocknetem Gras bewachsen; aber hier hatten niemals Getreide oder Kartoffeln gedeihen können. Als ich zur Straße hochkletterte, sah mir oben ein alter Mann entgegen, der seine Vespa abgestellt hatte. »Wie lange war dies Haus bewohnt?« fragte ich. Und er sagte: »Mein Onkel hat da gelebt bis nach dem Zweiten Weltkrieg. Die Kinder waren schon fortgezogen an die Küste.«

»Aber *wovon* haben die Leute da unten existieren können?« fragte ich. – »Ziegen, Schafe«, antwortete er, »ein Schwein alle Jahre. Ein paar Fruchtbäume hatte er.« »Davon kann doch eine Familie nicht

satt werden«, sagte ich. Und der Alte zeigte paßabwärts, wo der Wald beginnt, Eichen- und Kastanienwald: »Eicheln sind gut für das Vieh, und wenn's schlimm kommt, auch für den Menschen. Und die Kastanien; Pfannkuchen, Brei und Brot, alles aus Kastanienmehl, Kastanien geröstet und gekocht. In den Kastanien ist alles, was der Mensch braucht.« Und er trat seine Vespa an und fuhr davon. Mir schien, es war ihm ein wenig peinlich gewesen, von der ärmlichen Vergangenheit zu reden, die noch gar nicht solange Vergangenheit ist.

»La salsa di San Bernardo fa parere i cibi buoni«, heute hört man das Sprichwort nur noch selten; es heißt etwa dasselbe, was unsere Redensart »Hunger ist der beste Koch« ausdrückt, denn »la salsa di San Bernardo« ist eine Umschreibung für Hunger. Eine alte Bäuerin aus den Bergen, die jetzt unten in der Ebene bei Luni eine winzige Trattoria betreibt und mir eine herrliche Tomatensuppe mit Reis vorsetzte, erzählte, wie früher daheim die Minestra zubereitet wurde, die man schlicht »L'aqua cotta« nannte: Kleingehackte Zwiebeln und Knoblauch wurden in etwas Öl oder Speck gebräunt. Diesen »soffritto« tat man in kochendes gesalzenes Wasser, würzte mit etwas Peperoni und Minzeblättern, und diese Suppe wurde dann über Brotscheiben gegossen.

Wo der Mais gedeiht, der »granturco« – auch bei uns nennt man ihn noch hie und da »Türkenkorn« – da ließ es sich schon etwas besser

leben. Maiskolben wurden in der heißen Asche des Kaminfeuers geröstet, oder die Körner zur Freude der Kinder in der Pfanne zu Popcorn verwandelt. Vor allem gab es die zu Unrecht geschmähte Polenta. Auch Brot wurde aus Maismehl gebacken: »Du schaust mich an, und ich möchte weinen«, sagte man allerdings zum Maisbrot, das ja auch bei uns aus der schlimmsten Nachkriegszeit in unguter Erinnerung ist. Aber nicht selten war auch noch Bohnenmehl dem Brotteig beigemischt. Überhaupt spielen Bohnen in der toscanischen Ernährung eine große Rolle. Schon in der Antike waren die »fave«, die bei uns »dicke Bohnen« heißen, ein Hauptnahrungsmittel. Aus der Neuen Welt kamen später die Busch- und Stangenbohnen hinzu. Die toscanische Bohnensuppe aus gesprenkelten oder weißen Bohnen ist eine berühmte Spezialität. Daneben kochte man Kohl, vor allem den »cavolo nero«, unserem Grünkohl ein wenig ähnlich.

Fleisch ist – außer dem gepökelten Schweinefleisch – eine Seltenheit auf dem bäuerlichen Tisch gewesen. Und nebenbei bemerkt, versteht man angesichts eines so schmalen Küchenzettels wohl auch die Leidenschaft der Italiener für die Vogeljagd, die uns so tief verächtlich erscheint; aber sie hat eben ihre Wurzeln in jenen Jahrhunderten, als es hieß: »Gola affamata, vita disperata«; – Ein hungriger Schlund macht das Leben hoffnungslos. – Eier, Hühner, Enten und Lämmer dienten vorwiegend zur Pachtzahlung. Eier waren darüber hinaus

Zahlungsmittel für das unentbehrliche Salz.

Als die Sozialwissenschaftler Ende vorigen Jahrhunderts anfingen, Interesse für das einfache Volk zu entwickeln, da haben sie auch genau untersucht, wie oft und was die Bauern der Toscana damals aßen und tranken. Um mit den Getränken anzufangen: Wein pur war eigentlich nur bei festlichen Anlässen üblich, zu den Mahlzeiten trank man ihn mit Zweidrittel Wasser gemischt. In der arbeitsreichen Jahreszeit ging man schon vor Sonnenaufgang aufs Feld. Das geschieht auch heute noch, und wenn dann um die Mittagszeit bis in den Nachmittag hinein im Dorf Stille herrscht und jeder aus der Hitze flieht, dann sagen kritische Touristen: Die Italiener sind faul. Um sieben Uhr bekamen der etwas besser gestellte Bauer und seine Landarbeiter ihr Frühstück gebracht: Brot mit Schinken oder Salami und dazu Wein. Um 12 Uhr gab es Brühe aus Rind- oder Schweinefleisch, oft mit Nudeln gekocht, dazu Brot. Um 5 Uhr nachmittags wurden gekochte Bohnen oder Zucchini, mit Olivenöl angemacht, gegessen, auch Zucchiniblüten in Pfannkuchenteig. Die letzte Mahlzeit am Abend bestand meist nur aus einem mit Weinessig und Öl angemachten Salat und Brot. Kartoffeln traten oft an die Stelle der Nudeln. Im Herbst leistete man sich Stockfisch oder pro Person einen Salzhering oder zwei eingesalzene Sardinen. Im Winter, wenn kaum gearbeitet wurde, beschränkte man sich auf zwei Mahlzeiten.

Natürlich gab es auch festliche, große Mahlzeiten, und man ist erstaunt, wie vielerlei dann gegessen wurde. Mehr noch als die Feiertage des Kirchenjahres wurden Kornernte, Weinlese und Schlachttag mit einem großen Essen gefeiert. Da kam gekochtes Rindfleisch auf den Tisch, neben Hühnern in Soße und Kaninchenfrikassee verbunden mit mehreren Sorten pasta asciutta (Nudeln). Diese großen, festlichen Essen waren ein Gemeinschaftserlebnis, sie waren auch wie eine Beschwörung, daß es in Zukunft mit ein wenig mehr Üppigkeit zugehen möge.

Seltsamerweise ist es gerade die Kargheit und der bäuerliche Ursprung, der die toscanische Küche für uns interessant macht. Was die Natur gibt, ist von hoher Qualität und wird ohne viele Verfeinerungen zubereitet und genossen. Ein Zug von Luxus kam in die toscanische Küche durch die reichen Städte des Landes. Schon zur Zeit der Renaissance, als die Medici-Herrscher ihre Blüte hatten, änderte man in Florenz die alte Weisheit »Ex oriente lux« – aus dem Morgenland kommt das Licht der Kultur und Wissenschaft – mit berechtigtem Selbstbewußtsein in die Sentenz »Ex Firenze lux«, und das galt auch für die kulinarischen Künste. Als Catharina di Medici im Jahre 1533 den späteren König Heinrich II. von Frankreich heiratete, brachte sie auch die toscanisch-florentinische Küche mit; damals gelangte jene unentbehrliche Soße nach Frankreich, die dort später »Béchamelsoße« genannt wurde. Auch die »Crespelle« gehörten zur Mitgift der Catharina, obwohl die

Franzosen behaupten, ihre Crêpes aus der Bretagne seien viel älter. Die Segnung des Olivenöls breitete sich in der feinen französischen Küche aus, die weißen Bohnen aus der Neuen Welt fanden mit der Königin aus Florenz ihren Eingang, und das Geflügel mit Orangen zubereitet, ein Rezept, das Frankreich unter der Bezeichnung »canard à l'orange« okkupierte. – Runde siebzig Jahre später bekam diesmal Heinrich IV. von Frankreich eine Gemahlin aus dem Mediceerhaus. Maria di Medici ließ ihren sagenhaften Koch Pantanelli mitkommen, weil sie nicht auf seine Backkünste mit Mürbeteig und Windbeuteln verzichten mochte. Er führte auch gleich die köstlichen süßen Crèmes für die Füllung mit ein. – Die Engländer, begeisterte Italienreisende seit jeher, hinterließen in Florenz ein Fremdwort, »Bistecca«, weil sie in diesem gewichtigen Stück Rindfleisch aus Hochrippe und Lendenfilet ihr Beefsteak zu erkennen glaubten, obwohl das »Bistecca fiorentina« etwas unvergleichlich anderes ist; immerhin kann man es auch heute noch als »Bistecca inglese« bestellen. Wir Tedeschi hingegen haben ein anderes Fremdwort in die Toscana eingeführt: »Trincare«, und das kommt von »trinken«, aber dazu werden wir später zu sprechen haben.

II.
Die Toscana – ein Garten

Die Bekanntschaft mit dem Juwelier Alfeo vom Ponte vecchio in Florenz wurde geknüpft durch ein Armband, dessen Verschluß nicht mehr funktionierte, und sie war ein besonderer Glücksfall für unser Begreifen toscanischer Landschaft und Landwirtschaft. Und beides steht ja in inniger Beziehung zum Essen, zur Küchenkunst, zum leiblichen Genuß, neben der Mentalität des Volkes.

Alfeo lud uns ein: »fare una villeggiatura tranquilla«, zu »einem ruhigen Landaufenthalt« übers Wochenende.

Im Hügelland zwischen dem Tal des Pesaflüßchens und dem Val d'Elsa, keine 30 Kilometer von der Stadt entfernt, bogen wir in einen zur Anhöhe steigenden Weg ein, von Pinien gesäumt, und fuhren durch das Steintor in den Vorhof von Alfeos Villa.

Das ist ein stattliches altes Gebäude, eine dreibögige Loggia neben dem Eingang ist von Reben berankt. Über dem Erdgeschoß liegt das wenig geneigte, zeltförmige Ziegeldach überkrönt von einem viereckigen Türmchen.

»Das war der Taubenturm«, erklärte Signor Alfeo. »Gefüllte Täubchen in Pilzsoße, was für eine Delikatesse! Aber wichtiger war der Taubenmist; der wurde zum Gerben von feinem Leder gebraucht, und Florenz ist ja bis heute für seine Lederwaren berühmt, wenn auch die Chemie die Erzeugnisse der Täubchen überflüssig gemacht hat.«

Wir traten ein in den großen Saal des Erdgeschosses, die »entrata«. Angenehm kühl ist es hier. »Da werden die großen Tische aufgestellt, wenn die Bauern zur Weinernte und beim Olivenpflücken ihr Mahl erhalten«, zeigte Alfeo.

»Sind Sie Juwelier oder Landwirt?« fragten wir. »Beides«, antwortete er mit großer Selbstverständlichkeit. Ein Bauer trat ein und begrüßte ihn höflich, aber doch wie von gleich zu gleich. Man verhandelte. Es ging um die Anschaffung eines neuen Motorpfluges für die Rebanlagen. Man redete von Kredit und Bodenbearbeitung, von Ertragssteigerung und vom Mangel an Arbeitskräften. Alfeo schenkte selber roten Wein in die Gläser, seine Tochter stellte Brot und Käse auf den Tisch.

»War das ein Angestellter?« fragten wir. »Einer meiner Mezzadri war das, ein Bauer auf meinem Land«, erklärte Signor Alfeo. »Die Mezzadría, die Halbpacht, ist eine uralte Einrichtung bei uns in der Toscana. Der Bauer liefert die Hälfte seines Ertrages an den Grundeigentümer ab. Aber sie leben wie die Besitzer von Generation zu Generation auf dem Land. Doch dies alte System geht zu Ende. In den sechziger Jahren hat die Regierung den Abschluß neuer Halbpachtverträge verboten. Heute beträgt die Ablieferungsquote durchweg 30 %. Die Zeiten! Abwanderung der Bauernsöhne in die Industrie, und die Einführung von Maschinen; die Zukunft geht auf den Großbetrieb, auf »razionalizzazione.«

Wir stiegen in den Weinkeller hinab. Alfeo klopfte an die großen Fässer, drei waren leer. »Wir haben nur noch zwei Fässer, in denen unser Wein reift. Als mein Urgroßvater Ende des vorigen Jahrhunderts die Villa kaufte, wurden noch alle Fässer voll. Er hatte noch zehn Mezzadri, ich nur noch drei. Aber die Trauben keltern wir selber. Die Oliven hingegen werden in der Ölmühle im Tal gepreßt. Bis nach dem Krieg machten wir das auch mit den eigenen Anlagen.«

Wir gingen um das Haus herum. »Der Bau stammt aus dem 18. Jahrhundert«, sagte Alfeo. »Es war die Blütezeit der Villen, als der Granduca Pietro Leopoldo in der Toscana regierte.« Der Garten war von hohen Buchsbaumhecken umgeben. Wir blickten weit in das hügelige Land mit seinen Rebflächen, Olivenhainen, Äckern, Fruchtbäumen, dazwischen weitverstreut die »case colonne« der Bauern, kubische Gebäude aus Bruchstein mit den rotbraunen Ziegeldächern, Einzelhöfe inmitten ihrer Ländereien. »Einige sind von Leuten aus der Stadt gekauft worden«, sagte Alfeo, »als Sommersitze. Dort drüben wohnt ein Deutscher. Die Ländereien wurden zusammengelegt. Aber hier werden kaum je Latifundien, Großbetriebe entstehen; das Hügelland ist dem entgegen, der Geist der Menschen hier ist dem

entgegen. Noch gibt es ihn, den ›Garten der Toscana‹.«

Als wir beim Mittagessen saßen, sagte er zwischen Antipasto und primo-piatto: »Nirgends ißt man so gut, oder nirgends schmeckt es so gut wie auf dem Lande: die ›fagioli‹, die ›carciofi‹, die Eier und Salate, die ›pastasciutte‹, die ›bracciole‹ und die ›polli‹. Auch das ist ein Grund, weshalb wir Städter die ›villeggiatura‹, den Aufenthalt auf dem Lande, lieben. Als die Regierung 1973/74 wegen der Ölkrise das Sonntagsfahrverbot erließ, da erhob sich ein Sturm der Entrüstung dagegen. Der Besuch auf dem Land ist das Lebenselixier für uns Toscaner.«

Altes Anwesen mit Taubenturm in San Anzano/Ville di Corsano

»Aber es ist doch ein Zusatzgeschäft?« sagte ich. Er schüttelte den Kopf: »Wir haben unseren eigenen Wein, unser eigenes Öl, und wir verkaufen auch davon. Nein, wir Toscaner sind keine ›sognatori‹.« – Er meinte: keine Schwärmer, keine Träumer. »Als Kaufmann, als Handwerker hat man gelernt zu rechnen.«

– »La gaia Toscana«, die heitere, freudige Toscana, ist um die Villen harmonisch gewachsen mit ihrer bäuerlichen »coltura mista«, der Mischkultur von Rebe, Olive, Mais und Weizen, Gemüse und Früchten. Nirgendwo – außer in den Maremmen, den trockengelegten Sumpfgebieten – findet man die großen Monokulturen, bei deren Anblick in Sizilien schon Goethe von der »traurigen Fruchtbarkeit« sprach.

Es waren die Städte, von denen aus schon im späten Mittelalter diese Kultur der Villen über das Land ausstrahlte: Florenz, Pisa, Lucca, Siena, Arezzo, Volterra, Pistoia, Montepulciano. Ob man von Greve aus über die Chiantiberge blickt, oder vom Rathaus von Certaldo Richtung San Gimignano, ob von Arezzo ins Arnotal, überall bietet sich das heitere Bild der villengekrönten Hügel, der zwischen abwechslungsreichen Anpflanzungen gelegenen Einzelhöfe; es gibt Gemeinden, die ganz und gar aus solchen Einzelhöfen bestehen.

Einzig die Landschaft um Siena und Volterra, die »Crete« mit ihren schweren tonigen Böden trägt eine andere Stimmung, baumlos und ohne Rebpflanzungen mit eintönigeren Flächen, durch die oft weiß und gespenstisch der nackte Untergrund leuchtet, weniger heiter als großartig.

Der Bauer in seiner Abhängigkeit vom städtischen Eigentümer der Villen lebte nie in der drückenden Sklaverei von Zins und Fron wie der Bauer diesseits der Alpen, ganz anders auch als der Landarbeiter der Lombardei oder der Latifundien Süditaliens und Siziliens. Seine Padroni waren Stadtbürger, also Kaufleute, Handwerker, oft in den Adel aufgestiegenes Patriziat, aber keine Junker. Sie hatten gelernt zu rechnen und zu kalkulieren und gaben deshalb ihren Bauern die zur effektiven Arbeit nötigen Rechte, Freiheiten und Kapitalien. Die weltoffenen Städter sorgten dafür, daß der Fortschritt neuer Arbeitsmethoden und daß neue Früchte sich rasch ausbreiteten. Der Baron Ricasoli erfand die spezifische Chiantigärung und war zugleich erster Ministerpräsident des jungen Königreichs Italien im vorigen Jahrhundert. Die Initiative der Villenbesitzer war es, die die grünen Bohnen aus Südamerika, die Artischocken aus Sizilien, den Mais aus Kleinasien und vom Balkan, Tabak, Paprika und Tomate aus der Neuen Welt sich ausbreiten ließen.

Der Bauer war der Stadt eng verbunden. »il contado« war das ländliche Gebiet der Stadtstaaten, »il contadino« heißt der Bauer.

Und im Ratssaal des Palazzo Pubblico von Siena lesen wir die Inschrift:

> »Senza paura ogni uomo franco e lavorando semini ciascuno, mentre che tal communo manterra questa zona in signoria, che alevata arei ogni balia.«

»Ohne Furcht gehe frei jeder Mensch und bestelle die Saat, während die Stadtherrschaft in ihrem Gebiet fernhält jede Gewalt.«

Nach dem Niedergang in der späten Mediceerzeit führten die Großherzöge aus lothringisch-habsburgischem Geschlecht, vor allem der Granduca Leopold I. (1765–1790) die Landkultur der Toscana zur Blüte. Leopold I. erschloß das Land durch Straßenbau, förderte Vieh- und Getreidehandel, begann die Trockenlegung versumpfter Gebiete – das Chianatal verdankt ihm Fruchtbarkeit und Reichtum – er regte die Terrassierung der Steillagen durch Trockenmauern an – während seiner Regierungszeit wurden allein 100 000 Ölbäume neu gepflanzt – und nicht zuletzt hat er die Landwirtschaftliche Akademie in Florenz begründet.

Die Franzosenzeit machte Adel und Stadtpatriziat arm. Nachher kamen die Briten vom Hafen Livor-

no aus ins Land und übernahmen viele Villen. Sie waren von der guten Möglichkeit zur Kapitalanlage, von den billigen Arbeitskräften, auch vom Klima herbeigelockt worden. Die Herren aus London, York, Sheffield oder Glasgow wurden bei ihren heimischen Verbindungen leicht zu Exporteuren toscanischer Erzeugnisse: Wein und Vermouthwein, Olivenöl und Käse. Diese Briten haben der Toscana mehr Farbe gegeben; sie haben die Bougainvillien und Glyzinien an den Hauswänden und Pergolen ranken lassen, die Magnolien und Kamelien und Trompetenbäume in die Gärten gepflanzt.

Mitte des vorigen Jahrhunderts gab es etwa 50 000 städtische »Poderi«, Landeigentümer, in der Toscana. Und auch heute wird noch etwa die Hälfte des Landes von den Villenbesitzern mit ihren Pachtbauern bewirtschaftet. Der Palazzo in der Stadt ist nach wie vor zugleich Verwaltungskontor. Und es ist kein Einzelfall, daß man in der »cantinetta« des Palazzo Antinori in Florenz Wein probieren und kaufen kann, neben Olivenöl und anderen landwirtschaftlichen Produkten. Durch diese innige Verbindung zwischen Stadt und Land, durch die kaufmännische Vernunft der Landbesitzer ist der »contadino« der Toscana allezeit selbstbewußter gewesen als anderwärts, die Sozialordnung harmonischer und die Landschaft immer noch der »Garten der Toscana«.

III.
Die italienische Speisefolge

oder
Wie Lamberto und Massimo einander übertrafen

Wenn die Gastwirte Lamberto und Massimo in Bergecchia zufällig zur gleichen Zeit vor die Türen ihrer Trattorien treten, dann schauen sie in entgegengesetzte Richtungen – der eine talwärts über die Olivenhügel zum Meer, der andere, Massimo, hinauf zum Kirchplatz – denn sie sind Konkurrenten. Schauplatz ihrer Konkurrenzkämpfe sind die beiden Küchen, wo man darum ringt, der Erste, der Beste zu sein.

Und die ganze Umgegend weithin über Bodrigi und Pedona, Corsanico, Stiave und Pieve, bis hinunter nach Camaiore und Viareggio, Pietrasanta und Massa profitiert davon. Aber leider geht die Parteinahme nicht nur quer durch die Dörfer und Städte, sondern sie entzweit auch die Familien.

»Wohin gehen wir zum Essen?« das ist die Frage vor allem bei

Hochzeiten, die selten mit weniger als fünfzig Personen gefeiert werden: die Mutter der Braut schwört auf Lamberto, den gemütlichen, dröhnenden; der Vater des Bräutigams ist für den kleinen und wen-

digen Massimo. Oder wenn es darum geht, ein Richtfest zu feiern: der Bauherr gehört zur Massimopartei, der Architekt schwört auf Lamberto. Und dann die vielen Feste: die »Sagra delle mondine (Kastanien)«, die »Sagra dei tortelli« Wohin geht man zum Essen?

Einmal gab es beinah eine Schlägerei, allerdings unter zwei Deutschen, die grundsätzlich verschiedener Meinung waren, ob Lamberto oder Massimo der Bessere sei; der eine war ein kunsterziehender und malender Oberstudienrat, der andere ein Schriftsteller – und das war ich.

Eines Tages nun kam Massimo, der aktivere der beiden, auf die Idee, ein für allemal den Streit zu beenden, und er rief Bürgermeister und Stadträte der zuständigen Kommune Massarosa zu Schiedsrichtern auf.

Am darauffolgenden Sonntag pünktlich um zwölf also setzte sich der Sindaco mit acht ausgelosten Stadträten an den festlich gedeckten Tisch in Massimos Trattoria.

Da standen schon die Körbchen mit Brot, die Flaschen mit Aqua minerale und die »Caraffe« mit dem weißen »vino locale«, um den ersten Durst zu löschen.

»Der durstige Mensch hat keinen Geschmack«, lehrt die Erfahrung.

Als Aperitivo empfahl Massimo seine Spezialmischung eines leicht bitteren »Aparol« aus Gin, Ramazzotti, Weißwein und Mineralwasser.

Und dann eröffnete er das Mahl mit den Antipasti. Massimo fuhr auf: seine eingelegten weißen und roten Zwiebeln und Blumenkohlröschen, schwarze und grüne Oliven, dazu Crostini mit Leberpaste bestrichen.

Man aß sparsam, beobachtet von den Gästen ringsum, die alle Tische füllten, um dem Wettkampf zuzusehen. Dann wischten Sindaco und »consiglieri municipali« den Mund, spülten mit einem Schluck, aus Wein und Wasser gemischt, nach und begaben sich straßab zu Lamberto, der schon groß und breit mit der weißen Serviette über dem Arm in der Tür stand. Sie schritten durch das Spalier der Schlachtenbummler, die von weither zusammengeströmt waren. Auch Lambertos Trattoria war bis zum letzten Platz gefüllt.

Lamberto stellte als Aperitivo einen Campari-Soda oder einen Campari-Orange zur Wahl. Dann marschierten seine beiden »camieri« ein mit je einer großen Schüssel

Carpaccio. Wie leuchteten die hauchdünn geschnittenen rohen Scheiben vom oberen Teil der Rinderkeule, in Zitronensaft und Olivenöl mariniert, gewürzt mit Salz, schwarzem Pfeffer und Knoblauchsaft, garniert mit blättrig geschnittenen und roh marinierten Steinpilzen, unterlegt mit einem Kranz aus Peccorinoscheiben; es war ein sozusagen auch national erhebender Anblick: das Grün der großblättrigen Petersilie kam hinzu, und das Ganze war grün, weiß und rot wie die Flagge der Republik.

Dazu reichte Lamberto einen sehr trockenen toscanischen Schaumwein. Nach einiger Zeit hob der Bürgermeister die Hand: »Moderarsi, Herrschaften! Laßt Platz für das, was noch bevorsteht!«

Auf neutralem Boden, vor der Kirche, fand die Diskussion statt. Signora Claudia Sedile, das einzig weibliche Mitglied des Stadtrates, beanstandete, daß Fleisch und Pilze des Carpaccio ein wenig zu dunkel ausgesehen hätten. Es erhob sich ein Sturm des Protestes gegen diesen Einwand: gerade das zeige, Lamberto habe lange genug mariniert, damit das Fleisch würzig und zart werde. Und alles stimmte für Lamberto, bis auf den Signor Ponti, der die Apotheke in Massarosa führt; ihm erschien eine Vorspeise ohne Crostini eine Unmöglichkeit. In diesem Augenblick kam Lamberto atemlos gerannt und meldete, er habe in der Aufregung die Scheiben aus gebackener Polenta völlig vergessen, man möge das einrechnen und berücksichtigen. Man beruhigte ihn und Signor Ratti, der

Bilderrahmenfabrikant flüsterte ihm zu: »Den ersten Punkt hast du sowieso gewonnen.«

Das Kollegium der Schiedsrichter kehrte wieder bei Massimo ein, zum »primo piatto«, zum ersten Gang.

Massimo servierte eine Besonderheit: »Anolini al ragù di prosciutto«, runde, gefüllte Nudeln in einer Soße aus Schinken, Porcini (Steinpilzen), Zwiebeln, Tomaten und Sahne.

»Ecco, meraviglioso!« rief Signor Ilario, der eine Schuhmanufaktur hat. Der Sindaco verwies es ihm und sagte, die Beurteilung käme nachher. »Aber ich will wissen, woraus die Füllung besteht«, beharrte Ilario.

Massimo holte Donna Enrica, seine Frau, aus der Küche, und sie zählte die Ingredienzien auf: »Kalbshirn, Schinken, Parmesan, Eigelb und Ricotta, gewürzt mit Salbei, Muskat und schwarzem Pfeffer.«

Der Apotheker lobte den Weißwein, den Massimo zu diesem primo piatto gewählt hatte: »Gut so! Nach dem Vino locale – nichts dagegen einzuwenden – nun eine Stufe höher, gehaltvoller, immer noch trocken aber edler!«

»Es ist ein Montecarlo«, erklärte Massimo.

»Du hast es erfaßt«, bestätigte der Apotheker, »man muß mit dem Wein beim Essen treppauf gehen.«

Der Sindaco dämpfte die allgemeine Begeisterung ein wenig: »Gewiß«, sagte er, »Pastasciutta ist fast zum normalen primo piatto geworden, obwohl ja Nudelgerichte ebenso wie Reis keineswegs typisch toscanisch sind.«

Später ist vielfach beanstandet worden, der Bürgermeister habe mit dieser Bemerkung die Prüfer in unerlaubter Weise beeinflußt; und er habe den Anschein erweckt, als ob er gewußt hätte, was bei Lamberto bevorstand.

Denn Lamberto bot als seine primo piatto ein Gericht, wie man es sich toscanischer nicht hätte denken können, seine berühmte Bohnensuppe aus passierten weißen Bohnen, wobei allerdings noch etwa ein Drittel der Bohnen ganz belassen waren, auch kurze Nudeln waren in dieser Suppe, und unten im Teller lagen mit Knoblauch eingeriebene geröstete Brotscheiben. Man goß ein wenig von dem frischen Olivenöl als Würze auf die Suppe und trank dazu einen leichten, jungen Chianti aus den Colli Senesi.

Die nachfolgende Beratung vor der Kirche war langwierig. »Ich frage«, rief Signora Sedile, »war Rosmarin in der Bohnensuppe?« – Man schmeckte im Geiste nach.

Signor Bandoni, der Sommerhäuser vermietet, sagte: »Es war keiner drin.« – »Das können Sie nicht beurteilen, Signor, Sie haben zu lange in Amerika gelebt«, entgegnete der Schuhfabrikant. – Die Abstimmung ergab fünf Stimmen für Lamberto. Ein knapper Sieg diesmal.

Der Apotheker meldete sich zu Wort: »Es ist ungerecht«, erwog er, »daß wir immer zuerst bei Massimo essen, dann bei Lamberto, nachher bei der Abstimmung ist natürlich jedem das Gericht, das Lamberto bietet, viel gegenwärtiger.«

Der Vorschlag bekam die Mehrheit; und man wanderte also an dem erstaunten Massimo vorüber und

wieder in Lambertos Trattoria, um den »secundo piatto« zu genießen, das eigentliche Hauptgericht.

»Wir werden natürlich hier in den Bergen Fleisch vorgesetzt bekommen«, sagte Signora Sedile, die eine große Fischliebhaberin ist, etwas bekümmert.

Lamberto hatte nicht damit gerechnet, daß seine Gäste gleich wieder kämen. Er rannte zwischen Küche und Gaststube hin und her und rief verzweifelt: »Man ist noch nicht soweit!« Dann aber kam er auf die Idee, sozusagen einen Pausenfüller zu kredenzen. »Außer Konkurrenz selbstverständlich«, sagte er und schenkte einen 20 Jahre alten Brunello di Montalcino in die Gläser. »Eine Kostbarkeit«, sagte der Apotheker Ponti mit Blick zur Decke. »Wenn wir uns allerdings beim nächsten Wein nach diesem edlen Tropfen zurücksehnen würden, dann wäre das ein Fehler.«

Lamberto hatte jetzt jedenfalls Gelegenheit, die bei den Antipasti ver-

gessenen Polentaschnitten zu präsentieren, gebraten und mit Parmesan gewürzt, denn, ohne zu essen, trinkt man eigentlich niemals Wein.

Schon jetzt äußerte Signora Sedile Besorgnis wegen ihrer Figur und ihrem Fassungsvermögen. »Wir haben noch Stunden vor uns«, beruhigte der Sindaco.

Und dann trugen Lamberto selber, seine Frau Cecilia, seine Mutter Augusta und seine Tochter Stephania das Hauptgericht auf: »Pollo alla cacciatora«, Hühnchen nach Jägerart: zerteiltes Huhn, in Olivenöl und Weißwein geschmort, mit Salbei, Rosmarin und eingelegten schwarzen Oliven gewürzt. Hinzu kamen die »contorni«, die Beilagen: geviertelte und geröstete Kartoffeln, geschmorte Steinpilze – die Jahreszeit war danach – und ein Radicchio-Salat, der mit seiner Bitterkeit dem Magen wohltat.

Das Huhn war zart und überaus würzig. Nur Bartolo Ratti griff zur Pfeffermühle und sagte, leider müsse er ein wenig nachhelfen, und er setzte hinzu: »Kaninchen, auf diese Art zubereitet, sind noch schmackhafter.«

»Das sind persönliche Vorlieben, die hier keine Rolle spielen dürfen; vielleicht wäre mir auch ein Stück Tacchino (Truthahn) oder Faraona (Perlhuhn) lieber gewesen. Es kommt nur auf die Vollkommenheit der Zubereitung an, bitte schön!« wies ihn der Sindaco zurecht. Der Wein zu diesem Hauptgericht war ein Vernaccio di San Gimignano. »Ich nehme immer den Wein«, erklärte Lamberto, »den ich auch zum Kochen des Gerichts benutzt habe.«

»Ein beherzigenswerter Grundsatz!« stimmte Signor Ponti zu. »Und ich finde, ein Vernaccio ist kein Abstieg gegen den vorigen Brunello; denn in diesem Wein von San Gimignano lebt Bacchus selber.«

Signora Sedile sagte verweisend, dies sei eine fast unchristliche Bemerkung. Aber der Apotheker verteidigte sich: »Es ist ein Zitat nach dem Dichter Francesco Redi!« – Vor soviel Bildung verstummte die Signora.

Diesmal erhob man sich schon ein bißchen behäbig, und man wählte nicht den direkten Weg zu Massimo, sondern spazierte durch die schmale Via Garibaldi und auf dem Pfad zwischen den Olivenhainen zum Kirchplatz und straßab zu Massimo.

»Keine zu lange Unterbrechung!« mahnte der Bilderrahmenhersteller. Aber der Bürgermeister sagte mit Würde: »Keine Erinnerung haftet besser als die an ein gutes Essen.« Und damit trat man in Massimos Gaststube ein.

Man nahm umständlich Platz und blickte erwartungsvoll zur offenen Küche, wo die Glut unter dem Rost lebhaft leuchtete und dann aufflammte, als Donna Enrica Salbei-, Rosmarin- und Lorbeerzweige darauf warf. Alle Gäste hoben schnuppernd die Nasen, denn der Duft des Kräuterrauches verbreitete sich.

Dann wurde aufgetragen; Massimo selber balancierte die Platte. »Bistecche!« rief Bartolo Ratti und fletschte die Zähne.

»Bistecche alla Fiorentina!« sagte feierlich der Wirt. »Fünf Minuten auf jeder Seite gegrillt und garantiert von einem jungen Rind!«

Frau und Sohn brachten die Contorni: Tomatensalat und gewürfelte und gekochte Zucchini.

Massimo schenkte einen Rotwein in die Gläser, der feurige Reflexe aufs Tischtuch warf. »Selbstverständlich schon vor drei Stunden geöffnet«, sagte er und zeigte stolz das Etikett rundum. Es war ein »Logaiolo dell' Airola« aus dem Chianti-Classico-Gebiet.

»Wahrhaftig eine Rarität«, flüsterte der Apotheker. Alle Gespräche am Tisch waren verstummt; eine Bistecca Fiorentina fordert die ganze Aufmerksamkeit. Man muß diese gewaltige Fleischportion langsam und bedachtsam verzehren.

Signor Ratti war als erster fertig, winkte den Wirt heran und flüsterte ihm etwas ins Ohr.

»Halt!« rief Signora Sedile, »das ist gegen die Regel! Keine heimlichen Mitteilungen!«

Bartolo hob beide Hände: »Aber ich muß jetzt einen Grappa haben. Es ist wegen der Verdauung!«

Dem stimmten alle zu.

»Auf jeden Fall aber einen Grappa con la ruta«, sagte der Wirt. »Nur der ist dem Magen eine wirkliche Hilfe.« Und er schenkte aus jener Flasche in die kleinen Gläser, in der ein paar Weinrautenzweige dem Grappa Würze und Segenskraft verliehen.

Danach stand man sehr langsam auf und wanderte behäbig zum Kirchplatz und setzte sich auf die breite Marmorbank zur Beratung. Die Diskussion war zunächst etwas müde, wurde dann aber wieder lebhaft. Der Apotheker wies noch mal eindringlich auf die hohe Qualität des »Logaiolo dell'Airola« hin; aber das war unnötig; mit allen Stimmen war man einig, den Punkt für den Secondo-piatto dem Massimo zu geben, vor allem auch wegen der raffinierten Würze der Bistecca mit dem Rauch der Kräuterzweige.

»Nun kommen wir ganz langsam dem Ende entgegen«, sagte der Sindaco und erhob sich schwer.

Bei Lamberto war der Tisch neu beladen mit Früchten und Käse. Da fanden sich hübsch arrangiert späte Pfirsiche und frische Feigen, Schnitten von Zuckermelonen, längliche braune Birnen sowie weiße und rote Trauben. Dazu Pecorino, Bel-paese, Mozzarella und der gar nicht toscanische Gorgonzola, dessen scharfe Würze aber manchem nach einem üppigen Mahl zum Bedürfnis geworden ist. Lamberto bot dazu einen »Castello di Verrazzano«, einen berühmten Chianti classico mit dem »Gallo nero« auf dem Halsetikett, und er sprach, während er einschenkte, diese Verse:

»Chiantiwein, gereift und alt,
mächtig, kräftig, voll Gehalt,
macht nicht in der Kehle Halt,
dringet tief hinab zum Herzen
und vertreibet Leid und
　　　　　　Schmerzen.«

Der Apotheker wandte sich begeistert an Signora Sedile: »Hören Sie nur, Signora, das ist wieder von Francesco Redi. Welch tiefe Erkenntnisse hat dieser Dichter doch schon im siebzehnten Jahrhundert gewonnen.«

Man hatte beschlossen, Früchte und Käse zusammen mit den abschließenden »dolci« als Schlußkapitel gemeinsam zu bewerten. Und Lamberto trug als Süßspeise eine Spezialität auf: »torta della nonna«, die »Torte der Großmutter«, komponiert aus Reis und Schokolade. Signora Sedile brachte nur noch ein winziges Löffelchen herunter. Und auch der Schuhfabrikant ebenso wie Signor Bandoni stöhnte leise, das sei nun doch ein wenig mächtig für den Abschluß.

Man rückte die Stühle, man reckte sich und wanderte schleppenden Schrittes hinüber zu Massimo.

Mit einem Blick war zu erkennen, Früchte und Käse waren hier nicht anders als bei Lamberto; allerdings schenkte Massimo dazu einen Moscadello ein, was sehr gelobt wurde. Dann aber trat er beinah geheimnisvoll an den Tisch, eine mit der Serviette verhüllte· Flasche tragend. »Bei mir gibt es zur Süßspeise nur diesen Wein«, sagte er feierlich.

Bartolo Ratti konnte sich nicht enthalten, sofort zu kosten. »Ma questo è un vino santo!« rief er verzückt.

»Mit eben diesen Worten«, sagte der gelehrte Apotheker und hob sein Glas und blickte durch den goldgelben Wein, »mit eben diesen Worten hat der Kardinal Bessarine

im Jahre 1440 diese toscanische Kostbarkeit getauft: Vino santo!« Und er nahm einen Schluck und ergänzte: »Er ist nicht von der süßen Art, sondern halbtrocken, und das muß man anerkennen; wahrhaftig eine Erquickung nach diesem reichlichen Mahl!«

Massimo stellte Bittermandelküchlein auf den Tisch, um sie in den Vino santo zu stippen und von ihm durchtränken zu lassen.

Aber dann kam die Süßspeise. »Sie wird den Ausschlag geben«, flüsterte der Sindaco aufgeregt.

Es war eine »zuppa inglese«, beileibe keine Suppe, sondern ein köstli-

ches Halbgefrorenes, das die Kehlen erfrischte und den Geist belebte.

Es war beschlossen worden, den Espresso und den Grappa, beides zusammen »il corretto« genannt, draußen zu nehmen auf dem Kirchplatz. Dort war ein Tisch aufgestellt, um den sich das Volk voll ungeduldiger Spannung drängte.

Doch der Bürgermeister machte mit beiden Armen eine raumschaffende Bewegung: »Zurücktreten! Geduld! Noch müssen wir beraten!«

Die Glocken vom Campanile der Kirche begannen zu läuten. Es war das Abendläuten.

Jeder schlürfte seinen »corretto«. »Der Mandelkuchen, der Vino santo, die Zuppa inglese«, erinnerte Signor Bandoni.

Alle nickten ernst und bedeutsam und hoben die Rechte: Massimo bekam den Punkt.

Die Neugierigen drängten jetzt unaufhaltsam näher, wurden herangeschoben, die Spannung war nicht länger zu beherrschen, und der Bürgermeister erhob sich.

Atemlose Stille breitete sich über den dichtgefüllten Kirchplatz. Der Bürgermeister stieg auf den Tisch und hob den Arm. Und er rief, daß es widerhallte: »Indeciso!« Unentschieden!

IV.
Antipasti
Vorspeisen

Pinzimonio
Bunter Rohkostteller

Die Zubereitung dieser Vorspeise bedingt zwei Voraussetzungen:
Erstens: Das Olivenöl muß von erstklassiger Qualität sein.
Zweitens: Ihre Fantasie wird bei der dekorativen Zusammenstel-
lung der jeweiligen Saisongemüse gefordert.

Olivenöl Salz und Pfeffer	Das Öl mit Salz und Pfeffer sehr gut mischen, am besten mit dem Schneebesen.
Diverse Gemüse je nach Jahreszeit	Die Gemüse waschen und in mundgerechte Stücke schneiden. Jeder Gast erhält ein kleines Schälchen mit dem gewürzten Öl, in das die Gemüsestückchen getaucht werden.

Crostini al Fegato

Geröstete Brotscheiben mit Hühnerleber

Die traditionellste und am häufigsten gegessene Vorspeise in der Toscana sind Crostinis. Es gibt verschiedene Varianten. Mit dem unten aufgeführten Rezept ist Ihnen großer Erfolg bei Ihren Gästen sicher.

300 g Hühnerleber	Die Leber putzen.
1 Scheibe geräucherter Speck	Die übrigen Zutaten ganz fein hacken. Ihre Küchenmaschine
1 halbe Zwiebel	leistet Ihnen da hilfreiche Dienste.
1 Bund Petersilie	
1 Karotte	
1 Stengel Sellerie	
1 Eßlöffel Öl	Die gehackten Zutaten in der Öl/Butter-Mischung erhitzen.
1 Eßlöffel Butter	Die Leberstückchen dazugeben, würzen und halb gar dämpfen.
Salz und Pfeffer	Die festgewordenen Leberstückchen aus der Pfanne nehmen und so fein wie möglich hacken. Dann wieder in die Pfanne geben.
3 Eßlöffel Hühnerbouillon	Die Masse mit der Bouillon anfeuchten und mit dem Zitronen-
einige Tropfen Zitronensaft	saft abschmecken.
Kleine Weißbrotscheiben	Die Brotscheiben im heißen Backofen beidseitig bräunen. Die Scheiben müssen innen weich und außen knusprig sein. Die Lebermasse heiß und nicht zu dünn auf die Scheiben streichen und sofort servieren.

Ein guter Chianti classico ist ein »Muß« zu dieser Vorspeise. Mit einem gemischten Salat wird aus den Crostinis ein köstliches kleines Abendbrot.

Panzanella

Brotsalat

*Dies ist ein einfaches aber köstliches Brotgericht,
eine ausgesprochene Sommerspeise.*

500 g altbackenes Brot

Das Brot in wenig Wasser einweichen und mit den Händen zerreiben, bis es krümelt.

2 Zwiebeln, feingehackt
1 kg vollreife geschälte
Tomaten
1 großer Bund Basilikum
2 kleine junge Salatgurken
Salz und Pfeffer

Zwiebeln und die in kleine Würfel geschnittenen Tomaten, das in Streifen geschnittene Basilikum, die feingewürfelten Gurken (ohne Kerne) mit dem Brot vermengen. Salzen und pfeffern.

5 Eßlöffel Olivenöl

Das Öl darübergießen. Die Panzanella einige Stunden im Kühlschrank zugedeckt durchziehen lassen.

*Mit der Panzanella haben Sie eine Vorspeise, die zusammen mit
einem Glas Chianti alle Ferienerinnerungen an die Toscana
wachruft.*

Prosciutto e Fichi

Rohschinken mit Feigen

Eine ganz einfache und dennoch beinahe die beste Vorspeise, die ich kenne. Leider ist bei uns der stark gesalzene Rohschinken aus der Toscana kaum zu kaufen. Wenn immer möglich, erstehen Sie aber einen guten italienischen Rohschinken z. B. Parma. Anstelle der Feigen können Sie auch Melonenschnitze servieren.

12 Scheiben Rohschinken
8 frische blaue oder
grüne Feigen
Weißbrot

Je drei Scheiben mit halbierten Feigen auf einem Teller hübsch anrichten und mit Weißbrot servieren.

Fettunta

Geröstete Brotscheiben mit Knoblauch

4 Brotscheiben
4 Knoblauchzehen
Olivenöl

Die Brotscheiben beidseitig auf einem Grill oder in einem heißen Ofen rösten. Mit den halbierten Knoblauchzehen gut einreiben und etwas Olivenöl darüberträufeln.

Die Fettunta wird als Vorspeise serviert, kann aber auch zu Käse oder kalten Wurstplatten gegessen werden.

Hügellandschaft in der Nähe von Poggibonsi mit Stümpfen erfrorener Olivenbäume ▷

Insalata di Fagioli

Bohnensalat

*Für dieses Rezept eignen sich auch die Bohnen aus der Dose oder
aus dem Glas, welche in Salzwasser konserviert sind, keinesfalls
aber die in Tomatensauce.*

1 Dose weiße Bohnen
2 Bund Petersilie, gehackt
4 Knoblauchzehen, gehackt
Salz und Pfeffer
Olivenöl

Die Bohnen sehr gut abtropfen lassen und mit den übrigen
Zutaten mischen. Mindestens 2 Stunden durchziehen lassen.

*Als Vorspeise oder auch als kleine Zwischenmahlzeit zusammen mit
einem guten Chianti servieren.*

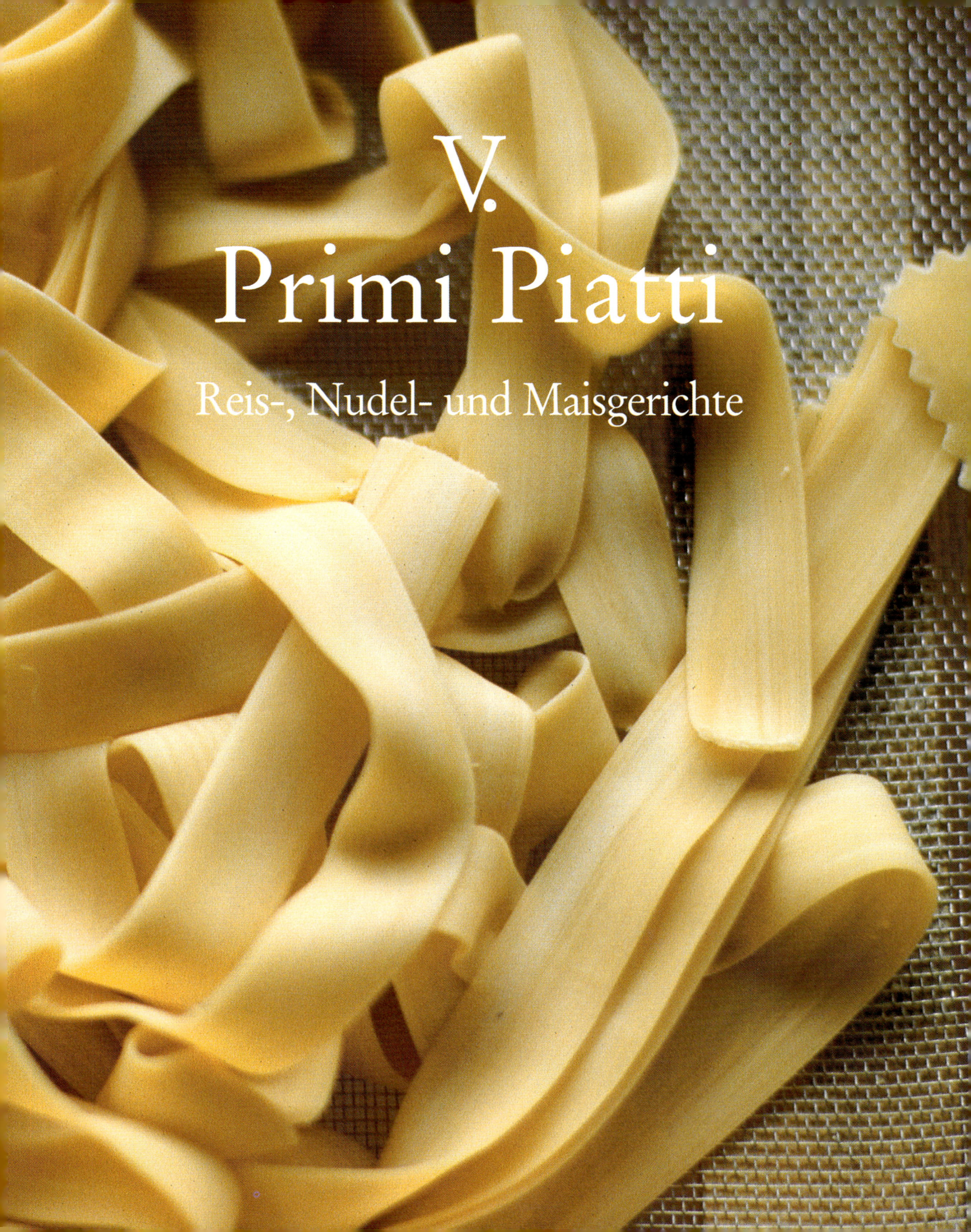

V.
Primi Piatti

Reis-, Nudel- und Maisgerichte

Risotto Rosso

Roter Risotto

...ist ein Sommergericht. Es sei denn, Sie waren so klug und haben in der Saison frisches Basilikum eingefroren. Oder Sie sind in der glücklichen Lage und erhalten dieses herrliche Kraut das ganze Jahr über frisch bei Ihrem Gemüsehändler.

20 g Butter 1 Zwiebel, feingehackt	Die Butter zusammen mit der Zwiebel in eine Pfanne geben und braten, bis die Zwiebel goldgelb ist.
1 kg reife Tomaten, gehäutet oder Pomodori pelati	Die Tomaten zu den Zwiebeln geben und erhitzen.
400 g Reis (Vialone oder Arborio)	Den gewaschenen, gut abgetropften Reis dazugeben und ca. 20 Minuten köcheln lassen, dabei immer wieder umrühren.
Fleischbrühe	Immer wieder etwas Fleischbrühe nachgießen. Der Reis muß feucht bleiben.
40 g Butter 1 Handvoll Basilikum, geschnitten	Geschnittenes Basilikum mit der Butter ganz zum Schluß dazugeben und sofort servieren.
200 g Parmesan, gerieben	Den Parmesan separat dazu servieren.

Es ist sehr wichtig, daß Sie den richtigen Reis wählen. (Siehe oben)

Risotto con Funghi
Reis mit Pilzen

50 g getrocknete Steinpilze	Die Pilze gut waschen und in reichlich lauwarmem Wasser ca. 20 Minuten einweichen.
1 Zwiebel, gehackt 20 g Butter 400 g Reis 1 Glas Weißwein Fleischbrühe	Die Zwiebel in Butter leicht Farbe annehmen lassen. Den Reis dazu geben und rösten, bis er glasig wird. Mit dem Weißwein ablöschen. Die Pilze mit dem Einweichwasser mitkochen. Wenn die Flüssigkeit einkocht, immer wieder etwas heiße Fleischbrühe nachgießen und 20 Minuten kochen.
Butter eventuell Salz und Pfeffer Parmesan	Den Reis abschmecken, eventuell würzen. Ein Stück frische Butter und reichlich Parmesan daruntermischen.

Der Risotto muß schön »al dente« und feucht serviert werden. Beständiges Rühren während der ganzen Kochzeit ist zu empfehlen.

Risotto alla Toscana
Risotto mit Hühnerleber

2 Eßlöffel Olivenöl 20 g Butter 1 kleine Zwiebel, gehackt 1 Selleriestengel, gehackt 1 Karotte, gehackt	Das Öl und die Butter erhitzen. Die Zwiebel, den Sellerie und die Karotte darin andünsten.
100 g Rindfleisch, gehackt 200 g Hühnerleber	Das Rindfleisch, die geputzte und klein geschnittene Hühnerleber zum Gemüse geben und mitdünsten.
1 Glas Rotwein 1 Eßlöffel Tomatenmark wenig Fleischbrühe	Mit dem Rotwein und dem mit Fleischbrühe aufgelösten Tomatenmark ablöschen, zudecken und 30 Minuten köcheln lassen.
50 g Butter 1 Zwiebel, gehackt	In einer zweiten Pfanne die Butter erhitzen und die Zwiebel darin glasig dünsten.
350 g Reis (Vialone oder Arborio)	Den Reis dazugeben und ebenfalls glasig werden lassen.
1 l Fleischbrühe	Nach und nach die Fleischbrühe dazugießen und immer wieder umrühren. 15 Minuten sanft kochen. Die Hälfte der Fleisch-Gemüsesauce unter den Reis mischen und weitere 5 Minuten kochen. Die restliche Sauce gesondert zum Risotto reichen.
50 g Parmesan, gerieben	Den Parmesan unter den Reis mischen.

Spaghetti Sparviero

Masini, ein Fischer aus Castiglione della Pescaia, mußte wegen eines schweren Sturmes einige Tage auf der Insel Sparviero ausharren. Hunger ist bekanntlich ein guter Koch und so ließ er sich, mit den wenigen Vorräten an Bord, etwas Neues einfallen. Und das waren die »Spaghetti Sparviero«.

1 Eßlöffel Olivenöl
2 Knoblauchzehen
1 Bund Petersilie
1 Eierlöffelchen voll gehackte, getrocknete Peperoncini

Öl zusammen mit dem in feine Scheiben geschnittenen Knoblauch, der gehackten Petersilie und den Peperoncini andünsten.

1 kg Tomaten, geschält
Salz und Pfeffer

Die Tomaten dazugeben und mindestens 2 Stunden leise kochen lassen.

1/10 l Fleischbrühe

Falls die Sauce eindickt, immer wieder etwas Fleischbrühe nachgießen.

500 g Spaghetti

Die Spaghetti »al dente« kochen.

2 Eßlöffel Kapern
1 Handvoll frisches Basilikum, in feine Streifen geschnitten

Zum Schluß die Kapern und das frische Basilikum in die Sauce einrühren.
Die Sauce separat servieren.

Diese Spaghetti werden nicht mit Reibkäse bestreut. Legen Sie aber auf jede Portion im Teller ein nußgroßes Stück frische Butter.

Spaghetti al Basilico
Spaghetti mit Basilikum

500 g Spaghetti
Salz

Die Spaghetti in Salzwasser »al dente« kochen.

2 Bund frisches Basilikum
½ Glas Olivenöl
150 g Parmesan, gerieben

Das Basilikum so fein wie möglich hacken oder im Mörser zerreiben. Das Öl und den Käse dazugeben, sehr gut verrühren und unter die gut abgetropften Spaghetti mischen.

Diese Basilikumsauce paßt auch ausgezeichnet zu gekochtem italienischem Reis.

Die Köchin Tosca bei der Ravioli-Herstellung ▷

Spaghetti, Aglio, Olio, Peperoncino
Spaghetti mit Knoblauch und Öl

500 g Spaghetti

Die Spaghetti in viel Salzwasser »al dente« kochen.

6 Eßlöffel Olivenöl
½ Teelöffel Peperoncino,
gehackt (Pfefferschoten)
6 Knoblauchzehen, gehackt

Das Öl mit dem Peperoncino erhitzen, den Knoblauch darin goldgelb anbraten und sofort mit den gut abgetropften Spaghetti mischen.

Pfeffer

Mit reichlich frischgemahlenem Pfeffer würzen.

Dieses Spaghetti-Gericht für Eilige wird ohne den obligaten Reibkäse serviert. Sparen Sie bitte nicht beim Knoblauch! Geben Sie soviel hinein, wie Sie gerne möchten. Den eventuellen anschließenden Theaterbesuch würde ich hingegen verschieben.

Ravioli

Miranda, die Wirtin der alten Poststation in Radda in Chianti macht die exquisitesten Ravioli. Bereitwillig hat sie ihr Rezept verraten. Leider ist bei uns Schafsquark nicht erhältlich, und so müssen wir mit gewöhnlichem Quark, vermischt mit Parmesan, vorliebnehmen. Auch so schmecken die Ravioli sehr gut.

Füllung:
250 g Spinat
½ Knoblauchzehe
1 Eßlöffel Butter

Spinat waschen, abtropfen lassen und zusammen mit dem gehackten Knoblauch in der Butter dämpfen. Auskühlen lassen und ganz fein hacken.

200 g Parmesan, gerieben
200 g Quark (Topfen)
1 Eigelb
Salz und Pfeffer
Muskatnuß, frisch gerieben

Parmesan, Quark und das Eigelb mit dem gehackten Spinat vermischen und gut würzen.

Teig:
250 g Mehl
3 Eier
1 Eßlöffel Öl
1 gute Prise Salz

Alle Zutaten zu einem geschmeidigen Teig kneten. Den Teig sehr dünn auswellen und mit dem Teigschneider Plätzchen von 4 × 6 cm schneiden. Je einen Teelöffel Füllung auf die Plätzchen geben. Diese einmal falten und auf drei Seiten zusammendrücken. Mit dem ganz frischen Teig halten die Kanten gut, ohne daß man sie mit Eiweiß verkleben muß.

100 g Parmesan, gerieben
Butter

Die Ravioli in Salzwasser ca. 5–10 Min. ziehen lassen. Mit einer Schaumkelle sorgfältig aus dem Wasser nehmen und zusammen mit geriebenem Parmesan und einem Stück frischer Butter anrichten. Zuvor die Teller gut anwärmen.

◁ Pasta-Herstellung in der Küche von Archimede

»La polenta«

Vielleicht ist die oft verachtete Polenta das älteste Grundnahrungsmittel der italienischen Halbinsel. Das Wort geht auf die Römer zurück, die Sache auch: Brei aus Gerstengraupen oder Grieß war die magenfüllende Substanz, von der sich die römischen Bauern und Soldaten ernährten. Der »porridge« der Briten stammt aus derselben Sprachwurzel. – Nun führten die Venezianer im Mittelalter nicht nur Gewürze und kostbare Stoffe aus dem nahen Orient ein, sondern auch Hirse. Und weil Hirse das anspruchsloseste Getreide ist, wurde Hirsebrei zur Nahrung der armen Leute in Venetien und Friaul. Man nannte die Hirse ihres Ursprungs wegen »gran turco«. – Dann kam am Ende des 16. Jahrhunderts aus der Neuen Welt der Mais; und nun ging auf ihn der Begriff »gran turco« über, obwohl er mit den Türken nichts zu tun hat. Die armen Leute kochten jetzt aus Maismehl und Maisgrieß ihren Brei, der billiger war als Brot.

Der Mensch neigt dazu, was billig ist, wenig zu schätzen; der Polenta ist es auch so ergangen, und der meiste italienische Mais geht heute durch den Schweinemagen, ehe er als Fleisch verzehrt wird.

Aber in Pisa gibt es eine Genossenschaft erlauchter Geister, deren Sinn und Streben es ist, die Polenta wieder in ihre Rechte einzusetzen, die »Accademia dei polentófaghi«, die Akademie der Polentaesser.

Bernardino Baldi hat der Polenta ein Gedicht gewidmet:
»Wie lange bist du, Polenta, verachtet gewesen.
Nur auf dem Lande wollt' man dich noch essen.
Die Reichen haben dich von ihren Tischen vertrieben,
Und nur, wer arm war, durfte dich lieben.
Nun aber kehrst du zurück zu den Städten,
Und die feinen Leute tuen, als hätten
sie dich eben entdeckt. So gut hat's geschmeckt.

Polenta
Maisgericht

Diese Polenta paßt ausgezeichnet zu Saucenfleisch. Sie können Polenta auch als selbständiges Gericht zubereiten, z.B. mit einer aromatischen Tomatensauce oder mit Rahm und viel Reibkäse. Sie können auch die erkaltete Polenta in 1 cm dicke Scheiben schneiden und im heißen Fett beidseitig goldbraun braten.

1 l Wasser
350 g Maisgrieß
Salz

Den Maisgrieß unter stetem Rühren langsam in das kochende Salzwasser geben und 30 Minuten kochen lassen. Dabei muß immer wieder gerührt werden, damit die Polenta nicht ansetzt.

Pappa al Pomodoro
Tomatensuppe

1 kg Tomaten	Die Tomaten waschen, häuten, entkernen und kleinschneiden. Ca. 15 Minuten bei mäßiger Hitze einkochen lassen.
1 l Fleischbrühe	Die Fleischbrühe zum Kochen bringen.
350 g altbackenes Brot	Das Brot in Scheiben schneiden und im Backofen rösten. Die gerösteten Brotscheiben in die heiße Brühe geben. Die gekochten Tomaten dazugeben.
2 Eßlöffel Olivenöl 4 feingehackte Knoblauchzehen 1 Bund Basilikum Salz und Pfeffer	Das Öl mit dem Knoblauch und den ganzen Basilikumblättern zur Suppe geben. Salzen und pfeffern. Alles gut mischen und leise köcheln lassen – ca. 30 Minuten – bis die Suppe dicklich wird. Die Basilikum-Blätter entfernen. Die Suppe in Portionsschalen füllen. Mit frisch gemahlenem Pfeffer würzen und etwas Öl darübergießen. Die Suppe sehr heiß servieren.

Zuppa di Fagioli

Bohnensuppe

Das Rezept zu dieser herrlich rustikalen Bohnensuppe stammt aus Siena. Auch hier wird wieder altbackenes Brot verwendet.

300 g getrocknete weiße Bohnen

Die Bohnen über Nacht einweichen und mit dem Einweichwasser ca. 1 ¼ Stunden kochen.

½ Glas Olivenöl
1 große gehackte Zwiebel
2 gehackte Knoblauchzehen

Das Öl erhitzen und die Zwiebel und den Knoblauch darin glasig dünsten.

2 Selleriestangen
1 Lauchstengel
4 Karotten
einige Wirsingblätter
einige Mangoldblätter oder Spinat
500 g gehäutete Tomaten oder Pelati
1 Bund Petersilie
1 Bund Basilikum

Alle Gemüse und Kräuter grob schneiden, ebenfalls in den Kochtopf geben und gut durchschmoren lassen. Mit reichlich Wasser bedecken.

Salz und Pfeffer

Salzen und pfeffern und mindestens 2 Stunden leise köcheln lassen.
Die Hälfte der separat gekochten Bohnen durchpassieren oder mit dem Mixer pürieren. Das Mus und die ganzen Bohnen zur Suppe geben. Eventuell etwas nachwürzen.

300 g altbackenes Brot

Das Brot in feine Scheiben direkt in die Suppenschüssel schneiden und die heiße, sehr dickflüssige Suppe darübergießen. Kurze Zeit stehenlassen, damit das Brot weich wird.

La Ribollita
Die wiederaufgekochte Bohnensuppe

Die berühmte Ribollita ist die wiederaufgewärmte Bohnensuppe. Sie haben am Vortag hoffentlich genug Bohnensuppe übriggelassen. Denn aufgewärmt schmeckt sie immer besser! Die Suppe in eine feuerfeste Form geben. Mit dünnen Zwiebelscheiben bedecken und etwas Olivenöl darübergießen. Im heißen Ofen überbacken, bis die Zwiebeln goldbraun sind (220 Grad, Gasherd Stufe 3–4).

Beim Brotbacken

VI.
Carni

Fleischgerichte

Glanzstück aller toscanischen Fleischspeisen ist die »bistecca alla Fiorentina«, auch »bistecca inglese« genannt. Diese überwältigende »Pièce de résistance« hat einen Namen, der tatsächlich vom englischen Beefsteak stammt. Es soll im Jahre 1565 gewesen sein, als in Florenz auf der Piazza San Lorenzo ein Ochse am Spieß gebraten wurde und einige englische Reisende, von dem Anblick in Verzückung geraten, herbeiliefen mit dem Ausruf »Beefsteak! Beafsteak!«

Hochrippe und Lendenfilet, verbunden vom T-Bone, bilden die Bistecca, die ein Gewicht von 600 bis 800 Gramm haben soll und nicht dicker als zwei Finger stark geschnitten sein darf. Sie wird, so wie sie vom Metzger kommt, auf den Holzkohlengrill gelegt und nur mit Salz, Pfeffer und etwas Zitronensaft gewürzt.

Die hervorragendsten Bistecche stammen vom Rind der Chianina-Rasse, das vor allem im Chianatal und im Val d'Arno gezüchtet wird; schöne Tiere mit weißlichem Fell

und zierlichen, weit nach vorn gebogenen Hörnern. Die Altersstufe zwischen Kalb und Rind, bei uns »Färse«, in der Toscana »vitellone« genannt, liefert die beste und echte Bistecca.

Kalbfleisch ist in ganz Italien beliebter als bei uns. Die »Scaloppine«, Kalbsschnitzel, fehlen fast auf keiner Speisekarte. Die berühmten »ossobuchi«, Einzahl »ossobuco«, sind Kalbshaxen in Scheiben geschnitten, mit dem Röhrenknochen in der Mitte, der die für den Kenner größte Delikatesse, das Mark, enthält. Auch die Involtini, die gefüllten Kalbfleischröllchen, wird jeder zu den Hochgenüssen

zählen. Nicht so vielleicht die Trippa, aus den Kaldaunen, den Kutteln, vom Magen des Kalbs. In Florenz kennt man die Trippa »lempredotto« mit Kartoffeln und Knoblauch und »sottacete« mit Essiggemüse.

So vielfältig und oft wie in Süditalien wird man das Lammfleisch in der Toscana nicht erhalten, aber in den Bergen kann man Glück haben und sogar mal ein Stück Ziege als Hauptgericht bekommen.

Geflügel jeder Art hingegen spielt eine große Rolle. Es existieren für nichts anderes so viele Rezepte wie für das Huhn, gefolgt vom Puter, auf dessen Suppe die Toscaner schwören; und den Tacchino, den Truthahn, gibt es überall und zu jeder Jahreszeit. Eine Besonderheit bilden die »faraone«, die Perlhühner, die jedem Huhn wegen ihres festen Fleisches und des würzigen Wildgeschmacks vorzuziehen sind. Die Ente kommt meist gegrillt oder gebraten auf den Tisch, auch manchmal als kunstvoll gewürzte Sülze, leider selten nach dem alten florentinischen Rezept mit Orangen und Salbei farciert.

◁ Die berühmten Rinder aus dem Chianatal

Eine Seltenheit auf der Speisekarte ist die Gans. Schon der große toscanische Koch des vorigen Jahrhunderts, Pellegrino Artusi, der zwar aus der Romagna stammte, aber fast sein ganzes Leben in Florenz verbrachte, hat geklagt, wie selten man auf dem Markt eine Gans kaufen könne.

Der Fasan hingegen wird in freier Wildbahn gejagt oder auch gezüchtet und entweder auf dem Rost gegrillt oder mit Schinken und Bauchspeck gebraten und mit Äpfeln gefüllt. Arezzo ist berühmt für seine Fasanengerichte.

Zu den Wachteln, die seit eh und je die unvorsichtige Angewohnheit haben, im März und Oktober durch Italien ihren Wanderflug zu richten, ißt man gern gekochte weiße Trauben. Allerdings werden inzwischen Wachteln auch gezüch-

tet. Auch Täubchen mit ihrem intensiv schmeckenden, dunklen Fleisch bilden manchmal das Hauptgericht.

Kaninchen bekommt man in der kleinsten Trattoria angeboten, aber selbst wenn sie »alla cacciatore«, nach Jägerart, zubereitet sind, haben sie meist ein Stalldasein hinter sich, was indes ihren Wohlgeschmack nicht beeinträchtigt; gegrillt oder mit einer Peperoni-Soße geschmort, kann man ihr Fleisch nur empfehlen.

Beschließen wir unseren raschen Streifzug mit einem fetten Schlußakkord, den wir uns bis hierher aufgehoben haben:

Ein stets hungriges Haustier findet in der Toscana immer eine Lebensgrundlage, das Schwein. »Il fratello«, der Bruder, nannten die Luccheser früher dies nützliche Tier.

Das Spanferkel, ganz gebraten am Spieß, ist ein beliebtes Festessen. Ein Fest, das alle Familienmitglieder zusammenführt, wird am Schlachttag gefeiert, mit dem man oft bis zum Karneval wartet. Berühmt in der toscanischen Küche ist das »arista«, das Filetkotelett am Stück. Auch hier weiß man wieder haargenau, wie und wann der Name entstand: Im Jahre 1439 beim Konzil zu Florenz soll ein griechischer Patriarch beim Genuß dieses edlen Bratens ausgerufen haben »aristo«, was auf griechisch soviel wie »vorzüglich« heißt. Aber wahrscheinlich ist die ganze Geschichte doch bloß erfunden. – Der Schinken, vorab aus dem Chiantigebiet, wird von Kennern fast so geschätzt wie der von Parma; er ist aber salziger und hat nicht die feine süße Geschmacksnote.

Bistecca alla Fiorentina

Florentiner Steak

2 Rindersteaks à 800 g
(1 Steak reicht für 2 Personen)

Die Steaks werden auf den sehr heißen Grill gelegt und auf jeder Seite 6 Minuten gegrillt. Die Steaks sind außen kräftig braun und innen noch rot.

Salz und Pfeffer, Olivenöl

Auf dem Teller würzen und mit Olivenöl beträufeln.

Da das Fleisch für die echte Bistecca von extra gezüchteten jungen Rindern aus dem Val Chiana stammt und bei uns nicht erhältlich ist, essen Sie diese Spezialität ausschließlich in der Toscana. Braten Sie anstelle der Bistecca die Bistecchine alla cacciatora.

Arista alla Fiorentina
Toscanischer Schweinebraten

Die Überlieferung berichtet, daß griechische Bischöfe anläßlich eines Konzils in der Toscana diese Fleischspeise »aristos« fanden. Sie werden zum gleichen Urteil finden: »Aristos« heißt nämlich »vorzüglich«.

1 kg Schweinerücken Salz und Pfeffer Muskatnuß, frisch gerieben	Das Fleisch mit den Gewürzen einreiben.
6 frische Salbeiblätter 1 Handvoll gehackte Rosmarinnadeln 2 Knoblauchzehen, in feine Scheiben geschnitten 1 halbe Zwiebel, gehackt 1 Eßlöffel Olivenöl	Den Schweinerücken zusammen mit den Kräutern, dem Knoblauch und den Zwiebelstückchen in einer Kasserolle im heißen Öl ringsum gut anbraten.
1/10 l trockener Weißwein	Mit dem Wein ablöschen und die Flüssigkeit vollständig einkochen lassen.
Fleischbrühe	Auf kleiner Flamme den Braten ca. 2 Stunden garen. Öfters mit Fleischbrühe und Fond begießen. Den Braten in Tranchen (Scheiben) schneiden. Die Sauce durchsieben und über den Braten gießen.

Der Arista-Braten schmeckt auch kal sehr gut.

Agnello con Piselli alla Toscana

Lamm mit Erbsen Toscanerart

1 kg Lammkeule
Salz und Pfeffer
4 Knoblauchzehen
Rosmarinzweige

Das Fleisch mit Salz und Pfeffer einreiben und mit den halbierten Knoblauchzehen und kleinen Rosmarinzweiglein spicken.

3 Eßlöffel Olivenöl
500 g Tomaten

Das Fleisch im heißen Öl in einem Bräter gut anbraten. Die gehäuteten und kleingeschnittenen Tomaten dazugeben, den Topf zudecken und die Lammkeule 1 Stunde schmoren lassen.

500 g Erbsen

Die ausgepellten frischen Erbsen in leicht gesalzenem Wasser 10 Minuten kochen. Abgießen und die Erbsen zum Fleisch geben und das Ganze noch 10 Minuten schmoren lassen.

◁ Schafhirte im Chiantigebiet

Coniglio Ubriaco
Betrunkenes Kaninchen

Bitten Sie Ihren Metzger, die einzelnen Stücke noch in der Mitte aufzuschneiden (der Länge nach), damit Sie eine Füllung einbringen können.

1 kg Kaninchen,
in Stücke geschnitten
Salz und Pfeffer
Knoblauch
Rosmarinzweige

Die Fleischstücke rundum mit Salz und Pfeffer würzen. Stecken Sie in die Schnittstellen je eine halbe Knoblauchzehe und einen Zweig Rosmarin. Binden Sie nun die einzelnen Fleischstücke mit Haushaltsgarn zusammen.

2 Eßlöffel Olivenöl

Im heißen Olivenöl braten Sie die Fleischstücke von allen Seiten gut an (am besten in einem Gußeisenbräter).

³⁄₁₀ l trockener Weißwein

Mit dem Wein ablöschen und das Kaninchen ca. 1 Stunde sanft garen. Eventuell etwas Fleischbrühe zugießen

Zu diesem Gericht schmecken Bratkartoffeln oder auch eine Polenta sehr gut.

Fegatini di Maiale
Schweineleber am Spieß

500 g Schweineleber

Die geputzte Leber in kleine Würfel schneiden.

2 Eßlöffel Semmelbrösel
½ Teelöffel Fenchelsamen
Salz und Pfeffer

Die Leberstücke mit den Semmelbröseln und Gewürzen gut vermischen.

1 Stück Schweinenetz
Lorbeerblätter
kleine Weißbrotscheiben

Das Schweinenetz einige Minuten in kochendes Wasser geben, auseinanderrollen und in 8 Stücke schneiden. Die Leberstückchen mit je einem kleinen Stück Lorbeer mit den Schweinenetzen umhüllen und mit Zahnstochern zusammenhalten. Die Fegatini sehen aus wie kleine Knödel. Man steckt sie auf einen Spieß zwischen 2 Lorbeerblätter und 2 Weißbrotscheiben. Über der Holzkohlenglut ca. 20 Minuten grillen.

Bistecchine alla Cacciatora
Schweinskoteletts Jägerinnen-Art

4 Schweinekoteletts
Fenchelsamen, Mehl

Die Koteletts mit Fenchelsamen würzen und in Mehl wenden.

3 Eßlöffel Olivenöl
1 Zwiebel, feingehackt
Salz und Pfeffer
hausgemachte Tomatensauce
1 Glas Rotwein

Das Öl erhitzen, die Zwiebel etwas Farbe annehmen lassen und würzen. Das Fleisch darin kurz anbraten, wenden und eine großzügige Portion hausgemachte Tomatensauce (Rezept, Seite 138) und den Rotwein darübergießen. Auf lebhaftem Feuer etwas eindicken lassen.

Zu diesen Bistecchine werden oft die Fagioli all' Uccelletto (S.123)

Trippa alla Fiorentina
Kutteln Florentinerart

Die Kutteln, heute vielerorts zu Unrecht aus der Küche verbannt, gehören zu den berühmtesten Spezialitäten aus Florenz. Und das mit gutem Recht. Fragen Sie bei Ihrem Metzger, wann er Kutteln anbietet.

1 kg vorgekochte Kutteln
(Kalbs- oder Rindermagen)
1 Zwiebel
1 Selleriestengel
1 Karotte
2 Eßlöffel Olivenöl

Die Kutteln in feine Streifen schneiden.
Die Zwiebel und die Gemüse kleinschneiden und mit den Kutteln im heißen Öl langsam anrösten.

4 Tomaten
Salz und Pfeffer

Die Tomaten häuten, kleinschneiden, entkernen und zu den Kutteln geben. Kräftig salzen und pfeffern. Das Gericht ca. 20 Minuten sachte kochen lassen.

100 g geriebener Parmesan

Streuen Sie großzügig geriebenen Parmesan über das fertige Gericht.

Achten Sie gut darauf, daß die Kutteln nicht verkochen. Sie können die Kutteln auch zugedeckt in den vorgeheizten Backofen stellen (200 Grad, Gasherd Stufe 3) und das Gericht in 20–30 Minuten fertiggaren.

◁ Schlachtfest in Ville di Corsano

Pollo alla Cacciatora

Huhn nach Jägerinnen-Art

1 küchenfertiges Brathuhn von ca. 1 kg Mehl 2 Eßlöffel Olivenöl	Das Huhn in etwa 4 Stücke zerteilen und mit wenig Mehl bestäuben. Im heißen Öl die Hühnerstücke kräftig anbraten, dann die Hitze reduzieren.
1 Selleriestengel 2 Karotten 3 Knoblauchzehen 2 Zwiebeln Salz und Pfeffer	Die Gemüse kleinschneiden und zum Huhn in den Bräter geben. Salzen und pfeffern.
$\frac{1}{10}$ l Weißwein	Mit dem Wein ablöschen und einkochen lassen.
500 g Tomaten oder Pelati eventuell etwas Hühnerbrühe	Die Tomaten abziehen, vierteln, ebenfalls zum Huhn geben und die Kasserolle zudecken. 30 Minuten köcheln lassen. Falls die Tomaten zuwenig Flüssigkeit abgeben, von Zeit zu Zeit etwas Hühnerbrühe dazugießen. Für die Sauce die Gemüse durch ein Sieb passieren.

Zu diesem Gericht paßt eine Polenta ausgezeichnet – besser noch gebackene Polenta-Schnitten.

Pollo con Funghi
Huhn mit Pilzen

1 küchenfertiges Brathuhn	Das Huhn in 8 Stücke zerteilen.
2 Eßlöffel Olivenöl	Das Öl erhitzen, die Petersilie und den Knoblauch hacken, im
1 Bund Petersilie	Öl andünsten und die Hühnerstücke darin anbraten.
2 Knoblauchzehen	
1 Glas (150 ml) Chianti	Mit dem Rotwein ablöschen.
250 g frische Steinpilze	Die Pilze gut putzen, in Scheiben schneiden und ebenfalls in
oder	den Topf geben.
40 g getrocknete Steinpilze	
(eingeweicht)	
eventuell etwas Hühnerbrühe	Mit Hühnerbrühe angießen und alles 20 Minuten köcheln lassen.
3 frische, gehäutete Tomaten	Die kleingeschnittenen Tomaten zum Huhn geben und weitere 10 Minuten sanft schmoren.

Zum »Pollo con funghi« können Sie einen Risotto oder Fettucine servieren.

Lepre in dolce e forte

Hase süß-sauer

Hase in Schokoladensauce erscheint uns schon sehr fremdartig. Es gehört etwas Mut dazu, sich an dieses Rezept zu wagen.

Marinade
1 Zwiebel
2 Karotten
1 Selleriestengel
einige Blätter Basilikum
einige Wacholderbeeren
½ l Weißwein
1 Glas Essig

Die grobgeschnittenen Gemüse mit dem Wein und dem Essig in eine Schüssel geben.

1 Hase (küchenfertig),
in Stücke geschnitten

Die Hasenstücke mindestens eine Nacht in die Marinade einlegen.

2 Eßlöffel Olivenöl
50 g Speckwürfel

Die Fleischstücke abtrocknen und im heißen Öl-Speck-Gemisch gut anbraten.

1 Zwiebel, 2 Karotten
2 Selleriestengel
1 Handvoll Basilikum
Salz und Pfeffer

Die Gemüse kleinschneiden und mitbraten. Mit der Hälfte der abgesiebten Marinade ablöschen und 2 Stunden köcheln lassen. Von Zeit zu Zeit etwas Marinade und notfalls auch Fleischbrühe nachgießen. Mit Salz und Pfeffer würzen.

50 g Pinienkerne
50 g Rosinen
80 g zartbittere Schokolade,
gerieben

Die Pinienkerne mit den gesäuberten Rosinen und der Schokolade kurz vor Ende der Kochzeit zum Ragout geben.

1 Teelöffel Zucker
½ Glas Essig
1 Prise Pfeffer

Den Zucker mit dem Essig verrühren, pfeffern und ebenfalls in den Topf geben.
Das Ragout gut durchrühren und im heißen Topf servieren.

Piccione in Gratella
Taube vom Rost

2 junge küchenfertige Tauben

Die gewaschenen und getrockneten Tauben mit einem scharfen Messer auf der Brustseite aufschneiden, auseinanderklappen und mit Hilfe eines Fleischklopfers flachschlagen.

Salz und Pfeffer

Mit Salz und Pfeffer würzen.

Olivenöl

Über guter Holzkohleglut auf den Rost legen und 20 Minuten braten. Von Zeit zu Zeit mit Öl beträufeln, damit das Fleisch nicht austrocknet.

Fagiano con Tartufi
Fasan mit Trüffeln

1 küchenfertiger Fasan

Den Fasan waschen und trocknen.

Salz und Pfeffer

Innen und außen mit Salz und Pfeffer einreiben.

1 kleine frische Trüffel (weiß)
100 g Schinkenspeck

Die eventuell anhaftende Erde vorsichtig mit einer Bürste von der Trüffel entfernen, den Pilz sehr dünn schälen oder nur abschaben und mit einem feuchten Tuch abreiben. Die Trüffel

◁ Klosterküche in Vallombrosa

	mit einer Gabel zerdrücken, den Schinkenspeck so fein wie möglich kleinschneiden, beides mischen und in den Fasan füllen.
100 g fette Speckscheiben	Die Speckscheiben um den Fasan wickeln und festbinden.
3 Eßlöffel Olivenöl	Das Öl in einem Bräter erhitzen und den Fasan darin gut anbraten.
5 frische Salbeiblätter 1 Knoblauchzehe, zerdrückt	Die Salbeiblätter und die Knoblauchzehe kurz mitbraten.
1 Gläschen Cognac	Mit dem Cognac ablöschen. Einkochen lassen.
1 Glas Weißwein	Den Wein dazugießen. Den Bräter zugedeckt in den vorgeheizten Backofen stellen und bei mittlerer Hitze (200 Grad, Gasherd Stufe 3) den Fasan 1 Stunde braten. Von Zeit zu Zeit mit dem Bratfett begießen. Den Fasan aus dem Bräter nehmen und warmstellen.
1 Fasanleber	Die Leber feinhacken und im Bratfett braten.
200 ml Sahne	Die Sahne dazugießen und kurz etwas einkochen lassen und zum Fasan geben.
1 frische Trüffel (weiß)	Die Trüffel mit einem Trüffelhobel über den servierbereiten Fasan hobeln.

Wenn immer möglich ein Fasanenweibchen kaufen. Sie sind zarter als ihre – im Aussehen – schöneren Männchen.
Dies ist ein sehr kostspieliges Gericht, da auch in der Saison die Trüffeln sehr teuer sind. Frische Trüffeln gibt es von Oktober bis Dezember. Für einen – kurzen – Transport (Trüffel sind leicht verderblich) kann die Trüffel in Alufolie oder Zeitungspapier eingehüllt werden. Die italienischen Trüffeln aus der Gegend von Alba sind weiß, es gibt aber auch schwarze Trüffeln wie im Périgord.

VII.
Pesce
Fische

Trotz seiner langen Küsten ist Italien viel eher ein Land der Bergbewohner als der Seefahrer. Und die Fischer stellen deshalb auch in der Toscana immer eine besondere Bevölkerungsgruppe dar. In Viareggio zum Beispiel feiern sie ihren eigenen Karneval. Es gibt in den Küstenstädten und Ortschaften der Küstenebene Speziallokale, die ein reiches Angebot an Fischen und »frutti del mare« anbieten, aber sobald es ins Innere des Landes geht, wird der Fisch selten auf der Speisekarte. Eine Ausnahme macht die Sardelle »l'acciuga«, die in Salz eingepökelt eine unentbehrliche Würze darstellt.

Auch Trockenfisch gibt es im Herbst und Winter überall. Der »baccalà« oder »stoccafisso« ist – obwohl er importiert wird – geradezu ein Nationalgericht, während er bei uns keinen guten Ruf mehr hat. Den Baccalà bekommt man mit Kichererbsen und Lauch oder mit Mangold gedünstet, oder er wird mit einer Tomatensoße serviert. Stoccafisso, in Weißwein ge-

dünstet, mit Kartoffeln, Oliven, Kapern, Zwiebeln, Staudensellerie und Petersilie, läßt uns vergessen, daß Stockfisch im Norden einmal ein Armeleute-Essen gewesen ist. Natürlich findet man die Forelle »la trota« fast überall auf der Speisekarte. Am originellsten – abgesehen von den auch bei uns üblichen Zubereitungsarten – ist wohl das

Florentiner Rezept, das der Journalist Giulio Piccini um die Jahrhundertwende erfand: Forelle mit Thymian und Petersilie angedünstet und dann mit einer Mischung aus Paniermehl und Gruyèrekäse überbacken.

Sieht man morgens die Fischerboote heimkehren und festmachen und die Fischer den sauber sortierten Fang in Holzkästen ausladen, dann vermag man kaum zu glauben, daß der Fischreichtum im Mittelmeer rapide abgenommen hat. Hausfrauen und Köche kaufen gleich am Ufer, was sie für den Tag benötigen. In den Markthallen wird der Hauptteil des Fanges mit viel Geschrei an die Wiederverkäufer versteigert. Und auf den Märkten liegen dann die Sardinen, Barsche, Brassen, Seezungen, Makrelen auf Marmorplatten oder in Blechwannen; dazu die verschiedenen Sorten der Kopffüßler, die Calamari, Seppie, Polpi, Moscardini, die gekocht oder fritiert, mit und ohne Fülle zubereitet, die speziellen Antipasta Angebote der Fisch-

lokale bereichern. Hinzu kommen die zahlreichen Muschelarten, die »datteri di mare«, die roh gegessen oder in einer Suppe gekocht werden, die »mitili«, die unseren Miesmuscheln entsprechen und gerne gefüllt als Vorspeise geboten werden. Schließlich liegen da zu kleinen Bergen aufgehäuft die »scampi« und die größeren »gambaretti«, die Krebstiere in ihren verschiedenen Gestalten.

Fische werden am liebsten ganz zubereitet mit Kopf und Schwanz; man schwört darauf, daß nur so der volle Geschmack wirksam wird. Wo dies bei den größeren Fischen nicht möglich ist, schneidet man die Fische mit den Gräten in dicke Scheiben.

Die Fischsuppe der Toscana stammt aus der Hafenstadt Livorno und heißt »caciucco«; sie wird mit Weißwein zubereitet und mit Peperoni und Tomaten gewürzt.

Wer das Glück hat, in eine »Sagra del pesce fritto« hineinzugeraten, in ein Fest der gebackenen Fische, der wird erleben, wie ihm aus großen Kesseln, voll von siedendem Öl, die goldbraun fritierten Fischchen auf den Teller gehäuft werden, oft ganz umsonst; denn die Fischer verstehen Feste zu feiern.

Aale, »l'anguille«, werden besonders dort gefangen, wo Kanäle vom Meer ins Land hineinziehen oder sich die Seen küstennah zwischen ihren Schilfgürteln breiten. Sie werden in Stücke geschnitten mit Salbei, Zitrone und Wein ge-

dünstet oder an Spießchen gebraten.

Auf der Speisekarte rechnen auch die Frösche zu den Fischgerichten. Eigentlich muß man dankbar sein, daß sich immer weniger Leute dazu bereitfinden, nachts auf Froschjagd zu gehen. Andererseits schmeckt Froschfleisch köstlich, ist leichtverdaulich und war sicher in ärmeren Zeiten eine wertvolle Bereicherung der kargen Tafel. Wer aber des Abends seine panierten und gebackenen Frösche verspeist hat und nun im Bett liegt und hören muß, wie die Mücken summend zum Angriff starten, der fängt vielleicht doch an, dem »Bruder Frosch«, den er eben samt näherer Verwandtschaft verspeiste, Abbitte zu tun.

Triglie alla Livornese
Rotbarbe nach Livorneser Art

4 frische Rotbarben
Salz und Pfeffer

Die küchenfertigen Rotbarben waschen und trockentupfen, innen und außen würzen.

2 Bund Petersilie
3 Knoblauchzehen
½ Teelöffel getrocknete
Peperoncini
2 Eßlöffel Olivenöl

Petersilie, Knoblauchzehen und Peperoncini ganz fein hacken und im heißen Öl andünsten.

500 g ausgereifte geschälte
Tomaten oder eine Dose
Pomodori pelati

Die Tomaten klein schneiden und zu den Gewürzen geben. Die Rotbarben in diese Sauce legen und 15 Minuten ohne Deckel sanft garen. Ab und zu die Rotbarben sorgfältig wenden.

Die Zubereitung dieses Gerichts ist sehr einfach, es schmeckt aber trotzdem wunderbar. Zu diesem Fischgericht muß nicht unbedingt ein Weißwein getrunken werden. Auch ein leichter, etwas gekühlter Rotwein paßt sehr gut dazu.

Caciucco alla Livornese
Livorneser Fischsuppe

2 Eßlöffel Olivenöl
1 gehackte Zwiebel
1 gehackte Knoblauchzehe
1 Bund gehackte Petersilie

In einem großen Topf die Zwiebel, den Knoblauch und die Petersilie im heißen Öl andünsten.

500 g Tintenfische (Calamari) und Polypen/Kraken (Polpetti)

Die Tintenfische und Polypen putzen, waschen und in kleine Stücke schneiden. Ebenfalls in den Topf geben und mitdünsten.

$\frac{3}{10}$ l Weißwein

Mit dem Wein ablöschen.

500 g gehäutete Tomaten oder Pelati
2 Eßlöffel Tomatenpüree
Salz und Pfeffer

Die kleingeschnittenen Tomaten und das Tomatenpüree dazugeben und mit wenig Salz und Pfeffer würzen.

$\frac{3}{4}$ l Wasser

Wasser dazugießen und 30 Minuten köcheln lassen.

1 kg verschiedene Meeresfische, die der Markt frisch bietet, z. B.: merluzzo (Dorsch), palombo (Dornhai), sgombro (Makrele), cefalo (Meeräsche), San Pietro (St. Petersfisch) u. a.

Die Fische schuppen, putzen, entgräten und in Stücke schneiden und ebenfalls in den Topf geben. (Zuerst jene Fische mit festerem Fleisch, etwas später die übrigen Fischstücke, da diese nicht zerfallen sollen). Das Ganze ca. 15 Minuten leise köcheln lassen.
Serviert wird diese Suppe auf gerösteten Brotscheiben.

Falls Sie sich in den einzelnen Fischsorten noch nicht so gut auskennen, fragen Sie Ihren Fischhändler, er wird Sie bestimmt gerne beraten.

◁ Fischkutter in Castiglione della Pescaia

Acerti (hochitalienisch: Sgombri) – Makrelen

Zuppa – Verschiedene Fische für die Fischsuppe

Paraghi (hochitalienisch: Pagri) – Sackbrassen

Cefali – Meeräschen

Scampi – Kaisergranat, auch Langostinos

Saraghi – Brassen (Zahnbrassen)

Mormore – Marmorbrassen

Sarde – größere Sardinen

Vongole

Kleine Muscheln

Für Fischliebhaber ist diese einfache Vorspeise ein wahrer Lecker-
bissen.

600 g kleine Muscheln

Die Muscheln unter fließendem Wasser gründlich waschen und abbürsten. Geöffnete Muscheln aussortieren.

1 Glas Weißwein

In einer weiten Pfanne die Muscheln mit dem Wein auf's Feuer setzen und solange kochen, bis sich alle Muscheln geöffnet haben. Muscheln, die geschlossen bleiben, wegwerfen.

3 Eßlöffel Öl
3 gehackte Knoblauchzehen
1 großer Bund Petersilie
500 g gehäutete Tomaten oder Pelati
Salz und Pfeffer

Das Öl erhitzen, Knoblauch und gehackte Petersilie kurz anrösten, die Tomaten dazugeben, mit Salz und Pfeffer würzen und ca. 15 Minuten einkochen lassen. Das Gemüse mit den Muscheln vermischen und gleich servieren.

Anguilla alla Fiorentina
Aal, zweimal gekocht

1 kg Aal	Von den Aalen die Haut abziehen, die Eingeweide herausnehmen, die Fische waschen, abtrocknen und in kleinfingergroße Stücke schneiden.
2 Eßlöffel Olivenöl 2 Knoblauchzehen, gehackt 5 frische Salbeiblätter	Das Öl erhitzen. Die Fischstücke mit dem Knoblauch und den ganzen Salbeiblättern anbraten. Aufpassen, daß der Knoblauch nicht schwarz wird.
Salz und Pfeffer	Mit Salz und Pfeffer würzen.
Paniermehl	Die gebratenen Fischstücke in Paniermehl wenden.
3 Eßlöffel Olivenöl 1 Knoblauchzehe 1 Glas Rotwein	Das Öl erhitzen. Die Knoblauchzehe kurz anbraten und entfernen. Das Öl und die panierten Fischstücke in eine feuerfeste Form geben. Mit etwas Rotwein bespritzen und 20–30 Minuten im Ofen (200 Grad, Gasherd Stufe 3) backen. Die Aalstücke sollen den Wein völlig aufsaugen. Von Zeit zu Zeit mit etwas Rotwein benetzen.

Baccalà alla Fiorentina
Stockfisch mit Tomatensauce

Tomatensauce:
500 g Tomaten,
1 Eßlöffel Olivenöl

Die Tomaten häuten, entkernen und klein schneiden und im Öl dünsten.

Salz und Pfeffer
1 Handvoll Basilikum,
in feine Streifen geschnitten

Mit Salz und Pfeffer würzen, das Basilikum beigeben und kurz etwas einkochen lassen.

800 g Stockfisch, gewässert
Mehl

Den Stockfisch häuten und entgräten. In Stücke schneiden und im Mehl wenden.

4 Eßlöffel Olivenöl
2 Knoblauchzehen
Salz und Pfeffer

Die ganzen Knoblauchzehen im heißen Öl kurz Farbe annehmen lassen und entfernen. Die Fischstücke goldbraun braten. Die Tomatensauce darübergießen und wenige Minuten sanft kochen lassen. Abschmecken und, wenn nötig, nochmals würzen.

Kaufen Sie den gewässerten Stockfisch, sonst müßten Sie ihn mindestens 24 Stunden lang wässern. Einige Stunden in Milch eingelegt, macht den Stockfisch besonders zart. In der Toscana wird der Stockfisch mit Polenta serviert.

◁ Fischer beim Bewässern der Fische

Acciughe al Verde

Sardellen in grüner Sauce

800 g frische Sardellen (oder tiefgekühlte)	Die Sardellen ausnehmen, die Köpfe entfernen, gut waschen und abtrocknen.
Mehl	Die Fische leicht im Mehl wenden.
3 Eßlöffel Olivenöl 3 Eßlöffel Weißwein 2 Knoblauchzehen, gehackt 2 Bund Petersilie, gehackt	Im heißen Öl die Sardellen braten, bis sie Farbe annehmen. Weißwein, Knoblauch und Petersilie dazugeben.
Salz und Pfeffer	Würzen und bei kleiner Hitze knapp 5 Minuten ziehen lassen.

◁ Castiglione della Pescaia, der Strand im Frühling

Fischmarkt in Castiglione della Pescaia

Fischer in Livorno

Tonno Cipolla e Fagioli
Thunfisch mit Zwiebeln und Bohnen

150 g getrocknete
weiße Bohnen
Salz

Die über Nacht eingeweichten Bohnen in leicht gesalzenem Wasser weich kochen.

300 g Thunfisch aus der Dose
1 große Zwiebel, gehackt

Den Thunfisch zerpflücken und zusammen mit der Zwiebel unter die abgetropften Bohnen mischen.

Olivenöl
Salz und Pfeffer

Mit Olivenöl übergießen und gut würzen.

Anstelle der getrockneten, können hier auch Bohnen aus der Dose
verwendet werden.
Bevorzugen Sie Thunfisch naturell oder Thunfisch in Öl eingelegt.

Fischer in Livorno

Tonno coi Piselli
Thunfisch mit Erbsen

1 Bund Petersilie 1 Knoblauchzehe 3 Eßlöffel Olivenöl	Die Petersilie und den Knoblauch fein hacken und im heißen Öl kurz dünsten.
500 g gehäutete Tomaten	Die Tomaten in kleine Würfel schneiden und ebenfalls in die Pfanne geben. Etwas einkochen lassen.
1 kg frische Erbsen	Die Erbsen enthülsen und zu den Tomaten geben.
Salz und Pfeffer	Würzen und 20 Minuten köcheln lassen.
1 Dose Thunfisch (naturell)	Den Thunfisch mit einer Gabel zerpflücken, ebenfalls in die Pfanne geben und weitere 10 Minuten sanft kochen lassen.

VIII.
Contorni

Beilagen

Fagioli nel Fiasco

Bohnen in der Flasche

Dieses Rezept stammt aus jener fernen Zeit, als die Frauen das Brot noch im Holzofen backen mußten und die Häuser keine Zentralheizungen hatten, sondern große offene Kamine. Da die wenigsten von uns noch einen Holzofen besitzen und die herrlichen Küchen mit offener Feuerstelle nur noch in Heimatmuseen zu bewundern sind, bereiten wir die Fagioli nel Fiasco im Backofen zu.

300 g getrocknete
weiße Bohnen (Soissons)

Die Bohnen über Nacht einweichen. Dann die abgetropften Bohnen in eine gründlich ausgewaschene Chiantiflasche füllen, von welcher die Strohhülle entfernt wurde.

2 Tassen Olivenöl
Wasser
2 Knoblauchzehen, zerdrückt
6 frische Salbeiblätter
Salz und Pfeffer

Das Öl und einige Eßlöffel Wasser dazugießen. Den Knoblauch und die ganzen Salbeiblätter hineingeben und mäßig würzen. Die Flasche darf nur zu ⅔ gefüllt sein! Mit einem Wattebausch verschließen, damit der Dampf entweichen kann. Im Backofen bei schwacher Hitze (ca. 80–100 Grad, Gasherd Stufe 1) etwa 3½ Stunden garen lassen, bis die Flüssigkeit von den Bohnen ganz aufgesogen ist. In eine Schüssel geben, nochmals würzen und etwas frisches Olivenöl darüber träufeln. Diese Bohnen können kalt oder warm serviert werden.

Fagioli all' Uccelletto
Bohnen mit Salbei

400 g getrocknete
weiße Bohnen
wenig Salz

Die Bohnen über Nacht einweichen. Am nächsten Tag in wenig gesalzenem Wasser gar kochen.

3 Eßlöffel Olivenöl
2 Knoblauchzehen, zerdrückt
10 frische Salbeiblätter
Salz und Pfeffer

Das Öl erhitzen, den Knoblauch und die ganzen Salbeiblätter hineingeben und anbraten. Die Bohnen gut abgetropft in den Topf geben und würzen.

500 g Tomaten, gehäutet und
entkernt

Die kleingeschnittenen Tomaten 20 Minuten mitköcheln lassen.

Warum dieses oft zubereitete Gericht »all' uccelletto« auf deutsch Vögelchen heißt, habe ich auch nach langem Herumfragen nicht herausgefunden. Es ist unmöglich bei getrockneten Bohnen die genaue Kochzeit anzugeben. Achten Sie auf die Angaben auf der Verpackung. Ältere Bohnen haben eine wesentlich längere Kochzeit. Werden weiße Bohnen ohne Salz gekocht, verkürzt sich die Garzeit! (Kochzeit im Schnellkochtopf ca. 20–25 Minuten!)

Ackerland bei Siena im Hochsommer ▷

Carciofi fritti alla Toscana

Artischocken, ausgebacken

4 Artischocken	Wenn immer möglich, kaufen Sie die jungen kleinen Artischocken. Die Blattspitzen und die äußeren harten Blätter großzügig entfernen. Den Stiel etwas kürzen und schälen. Die Artischocken samt Stiel in 8 Stücke schneiden und sofort in kaltes Wasser legen.
Mehl	Die gut abgetrockneten Stücke leicht in Mehl drehen.
2 Eier Salz	Die Eier mit einer Prise Salz verquirlen und die Artischocken darin wenden.
Olivenöl	In reichlich Öl, evtl. in der Friteuse, knusprig braten und auf Haushaltspapier abtropfen lassen.

Zucchini fritti

Gebackene Zucchini

8 kleine Zucchini Salz	Die gewaschenen Zucchini halbieren, der Länge nach in dünne Scheiben schneiden, mit Salz bestreuen und etwas liegen lassen.
Mehl 1 Ei Olivenöl	Die Zucchini zuerst in Mehl, dann im verquirlten Ei wenden und im Öl knusprig braten.

Tortino di Carciofi

Artischocken-Eierkuchen

8 kleine Artischocken

3 Eßlöffel Olivenöl
Wasser

Die äußeren harten Blätter und die Blattspitzen entfernen. Die Artischocken in Scheiben und dann in kleine Stücke schneiden und langsam im Öl braten.
Von Zeit zu Zeit mit etwas Wasser bespritzen.

6 Eier
1 Eßlöffel Wasser
Salz und Pfeffer

Die Eier mit dem Wasser kurz verschlagen, würzen und über die Artischocken gießen. Auf dem Herd oder im Backofen in kurzer Zeit fertigbacken.

Achten Sie darauf, daß der Tortino innen schön feucht bleibt.

Fagioli con le Cotenne

Bohnen mit Speckschwarte

400 g weiße getrocknete
Bohnen

3 Eßlöffel Olivenöl
2 Knoblauchzehen
1 Zwiebel
1 Bund Petersilie
300 g Speckschwarte
1 Dose Pomodori pelati
Fleischbrühe
Salz und Pfeffer

Die Bohnen über Nacht in Wasser einweichen.

Das Öl erhitzen. Den Knoblauch, die Zwiebel und die Petersilie hacken und kurz darin dünsten.
Die Bohnen, die Speckschwarte und die Tomaten dazugeben. Etwas Fleischbrühe dazugießen. Würzen und ca. 2 Stunden bei sehr milder Hitze garen. Die Flüssigkeit muß von den Bohnen beinahe aufgesogen sein.

Patate con i Bomboloni

Kartoffeln mit Zuckertomaten

1 kg Kartoffeln
½ kg Zwiebeln
½ kg Zuckertomaten

Die geschälten Kartoffeln und die Zwiebeln in gleich große Würfel schneiden und zusammen mit den ganzen Tomaten in eine feuerfeste Form geben.

4 Eßlöffel Olivenöl
Salz und Pfeffer

Das Öl darübergießen, würzen und bei guter Hitze (ca. 180–200 Grad, Gasherd Stufe 2–3) im Backofen ca. 45 Minuten backen.

Zuckertomaten sind sehr kleine Tomaten, die seit einiger Zeit auch bei uns erhältlich sind.
Im Herbst werden in der Toscana ganze Zweige mit diesen Tomätchen in die kühle Vorratskammer gehängt. Sie halten sich den ganzen Winter über und bleiben schön saftig.

Frittata di Zucchini
Omelett mit Zucchini

600 g kleine Zucchini
1 Bund Petersilie, gehackt
1 Knoblauchzehe, gehackt
3 Eßlöffel Olivenöl

Die gewaschenen Zucchini in kleine Würfelchen schneiden und zusammen mit dem Knoblauch und der Petersilie im heißen Öl gut anbraten und dünsten, bis sie gar sind.

6 Eier
Salz und Pfeffer

Die Eier kurz mit einer Gabel schlagen, mit Salz und Pfeffer würzen und über die Zucchini gießen. Die Masse zu einem runden Kuchen formen und immer wieder vom Pfannenboden lösen. Sobald der Rand fest geworden ist, mit Hilfe eines Deckels wenden und nur noch kurze Zeit auf dem Feuer lassen.

Die Frittata muß innen noch schön feucht bleiben. Sie kann warm oder auch kalt gegessen werden.
Verwenden Sie unbedingt kleine Zucchini – sie sind zarter und saftiger als die großen Exemplare.

Frittata di Spinaci
Omelett mit Spinat

800 g frischer Spinat
1 Knoblauchzehe, gehackt
2 Eßlöffel Olivenöl

Den gut gewaschenen Spinat etwas abtropfen lassen, mit dem Knoblauch in Öl dünsten, auspressen und fein hacken.

6 Eier
Salz und Pfeffer
2 Eßlöffel Olivenöl

Die Eier kurz mit einer Gabel schlagen, würzen und mit dem Spinat vermischen. Im heißen Öl auf gleiche Weise backen wie die Frittata di Zucchini.

Cipolline in agro dolce

Zwiebelchen süß-sauer

750 g kleine Zwiebeln

Die Zwiebeln schälen und in kaltes Wasser legen.

1 Eßlöffel Olivenöl
100 g Schinkenspeck, gehackt
1 kleine Zwiebel, gehackt
1 Knoblauchzehe, gehackt

Das Öl erhitzen, den Schinkenspeck glasig braten. Die Zwiebelwürfel und den Knoblauch goldgelb anbraten.

2 Eßlöffel Zucker
½ Glas Rotweinessig
Wasser

Die gut abgetropften Zwiebeln mit dem Zucker dazugeben. Wenn der Zucker Farbe angenommen hat, den Essig und etwas Wasser dazugießen.
40 Minuten sanft kochen lassen.

Die Cipolline werden warm als Fleischbeilage oder kalt als
Antipasto serviert.

Patate lesse

Gekochte Kartoffeln

Kartoffeln

Die Kartoffeln werden in der Schale weichgekocht und abgezogen.

Salz
Petersilie, gehackt
Olivenöl

Mit Salz und viel gehackter Petersilie bestreuen und frisches Olivenöl darübergießen.

Salsa di Pomodori freschi

Tomatensauce

1 kg reife Tomaten	Die Tomaten kurz überbrühen, die Haut abziehen und etwas auspressen.
3 Eßlöffel Olivenöl 1 kleine Zwiebel, feingehackt 1 Karotte, feingehackt 1 Selleriestengel, feingehackt	Das Öl erhitzen. Das feingehackte Gemüse darin anrösten. Die Tomaten dazugeben.
Salz und Pfeffer Oregano oder Basilikum (frisch)	Mit Salz und Pfeffer und Oregano würzen. Bei kleiner Hitze mindestens 40 Minuten köcheln lassen.

Wenn statt Oregano mit Basilikum gewürzt wird, wird das in Streifen geschnittene Basilikum erst kurz vor dem Servieren zur Sauce gegeben.

Patate sotto la cenere

Kartoffeln unter der Asche

Im Gegensatz zu den Ristorante, welche die Kartoffeln meist fritiert oder gebraten servieren, werden in den Bauernküchen der Toscana einfache, aber originelle Kartoffelgerichte zubereitet.

Kartoffeln	Die ungeschälten gebürsteten Kartoffeln und Zwiebeln unter
Zwiebeln	die heiße Asche legen, bis sie gar sind. Von der Asche säubern,
Salz	mit Salz bestreuen und mit Butterflocken belegen – und dann
Butter	mit der Hand essen. Ein Hochgenuß!

Piselli al prosciutto

Erbsen mit Rohschinken

1 kg frische Erbsen	Die Erbsen enthülsen.
150 g Rohschinken	Den Schinken mit dem Fettrand in kleine Würfel schneiden.
2 Eßlöffel Olivenöl	Das Öl erhitzen und die Schinkenwürfel darin glasig braten. Die Erbsen dazugeben.
Salz und Pfeffer	Mit Salz, Pfeffer und Zucker würzen.
1 Teelöffel Zucker	Die Petersilie, den Knoblauch dazugeben, gut umrühren und
1 Bund Petersilie, gehackt	15 Minuten köcheln lassen.
1 Knoblauchzehe, gehackt	

Maroni arrosto

Gebratene Maronen

500 g frische Maronen

Auf der flachen Seite mit einem scharfen Messer die Haut gut einschneiden.

In einer gelochten Bratpfanne auf guter Glut die Maronen braten. Die Pfanne von Zeit zu Zeit kräftig schütteln, so daß die Maronen rundum kräftig braun werden.

Zusammen mit einem guten Chianti sind gebratene Maronen ein originelles Abendessen.

Falls Sie keine Maronipfanne besitzen, kaufen Sie sich eine auf Ihrer nächsten Italienreise oder bitten Freunde, Ihnen eine solche mitzubringen. Die Maronipfannen sind nicht teuer und beinahe in ganz Italien erhältlich.

IX.
Formaggi
Käse aus der Toscana

Von Casoli bei Camaiore aufwärts steigend durch waldreiche Täler, den Berghängen entgegen, wo die Ölbaumpflanzungen aufhören und nur noch spärliches Weidegras die nah zur Oberfläche tretenden Felsen bedeckt, über uns die schroffen Zacken der Berghäupter, kamen wir an ein Bauernhaus aus Felsgestein, auch das Dach mit Steinplatten gedeckt. Nebenan im Pferch blökten Mutterschafe, bedrängt von ihren milchhungrigen Lämmern, und drinnen fanden wir die

Contadina eben beschäftigt, einen Kübel mit Schafsmilch in Käse zu verwandeln. Wir nahmen die Gelegenheit wahr, Donna Bruna zuzusehen, wie sie von einem Busch getrockneter Disteln die stacheligen Köpfchen der Blüten abpflückte und daraus eine Abkochung zubereitete. »Cardo Selvatico« ist eine Pflanze, die der Artischocke ähnelt und wild wächst. Die Bäuerin vermischte die Abkochung mit der Milch auf dem Herd, und sofort begann die Gerinnung; nach wenigen Minuten des Kochens war im Topf ein Käseklumpen entstanden, der nun mit einem gezahnten Löf-

fel auseinandergerissen und, nachdem er abgekühlt war, geknetet wurde, so daß er immer mehr von seiner Flüssigkeit verlor. Schließlich kam dieser Käselaib auf ein Brett, das in einen Topf führte, wo sich die Molke sammelte. Und Donna Bruna erklärte, daß auch aus dieser Molke noch Käse hergestellt würde. Die Laibe auf dem Brett aber, das sei der Pecorino, und sie packte die fertigen noch ganz weichen Klumpen in Körbchen, aus Zweigen geflochten, wo sie die typische *Pecorino*-Form annehmen, flach und rund, zwischen drei und fünf Kilo schwer. Aber er

---

◁ Landschaft in der Nähe von Siena

muß lagern, der Pecorino, vier, manchmal acht Monate, um seine pikante Würze zu erlangen.

Auch heute noch stellen die Schäfer den Käse selber her, und Kenner wissen wohl zwischen den verschiedenen Qualitäten zu unterscheiden, die von der Weide, der Herstellung und der Lagerung abhängig sind. »Cacio-fiore« nennt man den Pecorino, bei dem die Milch durch den Absud aus den Blütenköpfchen der Distel zur Gerinnung gebracht wird. Diese Methode findet man vor allem in der Versilia, dem küstennahen Landstrich zwischen Viareggio und Lerici.

Häufiger wird die Milch »all'uso romano« zur Gerinnung gebracht. Man benutzt dazu den Labmagen des Milchlamms, der ein volles Jahr im Kamin getrocknet wird. Dann nimmt man die nötige Menge davon, zerstößt sie im Mörser zu Pulver, fügt vielleicht noch Kräuter bei und geriebenen alten Käse und

mischt das alles in Wasser und Weinessig an. Die mit diesem Labferment versetzte Schafsmilch wird länger gekocht, fünfzehn bis zwanzig Minuten, dann gerinnt auch sie und wird genauso behandelt wie der »Cacio-fiore«, der ein wenig süßer und milder im Geschmack ist.

Pecorino, gleich welcher Art, ist der wichtigste und eigentümlichste Käse der Toscana. Wenn man sich auf der Autostrada von Parma kommend die kurvenreiche Strecke zum Cisapaß hochgemüht hat, und es jenseits der Wasserscheide ins Tal der Magra abwärts geht, also in die Toscana hinein, dann sieht man am Straßenrand bunte Flecken tanzen wie Schmetterlinge. Das sind Bauersfrauen, die Kunststofftüten an Stöcken schwenken, seit Jahren schon das Signal: Hier kann man Pecorino kaufen! Mißtrauen ist nicht am Platz: der Preis ist günstiger als unten in den Geschäften, die Qualität ist gut, der Reifezustand

der Käselaibe verschieden. Da gibt es länger gelagerte, die fast Parmesanhärte haben, und weichere, die man noch gut schneiden kann.

Man kann bis zum Härtestadium gelagerten Pecorino genauso verwenden wie den Parmesan, also ihn gerieben über »pasta asciutta« und Reisgerichte streuen.

Die Toscaner haben den sprichwörtlichen Grundsatz: »Butter von der Kuh, Pecorino vom Schaf und Ricotta von der Ziege«, obwohl es da genug Mischformen gibt; in der Garfagnana und in der Lunigiana werden Schaf-, Kuh- und Ziegenmilch zusammengeschüttet zur Käsebereitung und es entsteht der *Caciovacchino*, der *Raviggiolo* und der *Toma*.

Aber das Schaf liefert die Milch für den echten Pecorino, und der Pecorino ist der typische Toscanakäse. Zu Beginn unseres Jahrhunderts wurden in der Toscana über eine Million Schafe gezählt. Sie wurden teils im Stall gehalten, die meisten aber wanderten im Wechsel zwischen Winter und Sommer von den Talweiden auf die Berge. Dann verlor die Schafzucht an Bedeutung, hat aber in den letzten beiden Jahrzehnten wieder so zugenommen, daß die Million aufs neue erreicht sein dürfte. Dies hat seinen Grund darin, daß durch die starke Abwanderung der Bauern in die Industrie seit 1954 viele ehemalige Ackerflächen zu Ödland und Weiden geworden sind.

Die Regierung hat für Schäfer aus Venetien und Sizilien Anreize geboten, in die Toscana zu kommen, vor allem auch, um die nun trockengelegten Maremmengebiete zu beweiden. Ihnen folgte seit 1970 die größte Gruppe, Schäfer aus Sardinien, die auch in den trockenen Höhenlagen der Gebirge noch bessere Existenzbedingungen finden als in ihrer Heimat. Ungenutztes und unergiebiges Land wurde von den Besitzern an diese Schäfer verpachtet. Die Erzeugnisse der Schafzucht: Käse, Wolle und Fleisch haben einen guten Markt gefunden, und die sardischen Schäfer, die unter den Toscanern anfangs ein fremdes Element darstellten, sind mittlerweile in der Lage, selber Land zu erwerben. Und während noch vor 50 Jahren kaum Wert auf leistungsfähige Zucht gelegt wurde, hat sich auch das heute geändert, und die Erträge sind entsprechend gestiegen.

Dem Pecorino sehr ähnlich ist der *Marzolino*, der in kleineren Laiben hergestellt wird und den man noch frisch und weiß nach 2 bis 4 Wochen ißt. Er ist vor allem auch im Chianti-Gebiet zu Hause.

Der *Ricottakäse* ist ein trockener Quark, eigentlich aus Ziegenmilch. Er wird aber auch aus Schafsmilch bereitet. Er eignet sich zur Herstellung exzellenter Süßspeisen, kann aber auch wie der Marzolino mit Olivenöl und schwarzem Pfeffer gewürzt in Würfeln eine herrliche Vorspeise abgeben.

Der *Mozzarella*, ein Frischkäse hoch an Eiweiß und gering an Fettgehalt, stammt, wenn er ganz echt sein soll, von der Büffelkuh. Die »Buffali« waren eine Rinderart, die für die Sumpfgebiete der Maremmen wie geschaffen schien. Die schweren grauschwarzen Tiere ertragen keine Stallhaltung. Noch in der Mitte des vorigen Jahrhunderts lebten an die 700 Büffel wild in der Provinz Grosseto. Heute wird die Haltung von Büffelherden wieder gefördert, weil diese Rinderrasse äußerst widerstandsfähig ist und wenig Arbeitskräfte und Investitionen für den Landwirt verlangt. – Um den Mozzarellakäse gab es jüngst einen lebhaften Streit. Die Regierung verlangte, daß er verpackt angeboten würde, aber die Händler protestierten, ihre Kunden wollten sehen, was sie kauften. Es genügte ihnen, wenn der Verkäufer die geforderte Menge abwog und dann verpackte, zumal eine kleine Portion Mozzarella oft rasch im Laden oder auf der Straße als Delikatesse verzehrt wird. Aber die Hygiene siegte.

Natürlich bekommt man in der Toscana auch die anderen Käsesorten Italiens, wie könnte das anders sein, da doch auf der ganzen Halbinsel der Käse schon zu Etruskerzeiten, lange vor der Gründung Roms, in vielen Sorten und Zubereitungen bekannt war und die Vestalinnen einst die Geheimnisse seiner Herstellung hüteten.

Pecorino-Käse (verschieden alt) aus Schafsmilch, sowie Formagetta (auch zum Reiben ▷ geeignet) aus Kuh- und Schafsmilch (mucca e peco) und Cacio della Val d'Arno aus Schafsmilch. Dazu schmeckt ein Hefeteig-Fladenbrot mit Salz und Olivenöl, gewürzt mit frischen Salbeiblättern oder Thymian.

X.
Dolce

Desserts

Zuccotto alla Toscana

Toscanische Biskuitbombe

*Für den Zuccotto braucht man eine kuppelförmige Form wie z. B.
für eine Eisbombe.*

1 Biskuitkuchen, fertig gekauft	Den Biskuitkuchen in etwa 3 cm breite Streifen schneiden.
150 g bittere Schokolade 300 ml Sahne	Die geriebene Schokolade mit der Sahne kurz aufkochen und unter Rühren erkalten lassen. In den Kühlschrank stellen.
2 Gläschen Cognac 2 Gläschen Alchermes (oder Maraschino oder Grand Marnier)	Die Biskuitstreifen abwechselnd mit Cognac oder Alchermes tränken. Die Kuppelform buttern und mit den Biskuitstreifen auslegen.
300 ml Sahne 150 g Puderzucker 80 g Mandeln, geschält, grobgehackt 100 g Haselnüsse, geschält, grobgehackt	Die Sahne sehr steif schlagen. Den Puderzucker und die grobgehackten Mandeln und Nüsse darunterziehen. In die Form gießen.
50 g Baiser	Das Baiser grob zerkrümeln, mit der locker aufgeschlagenen Schokoladencreme mischen und ebenfalls in die Form gießen. Mit den restlichen Biskuitstreifen belegen und mindestens 3 Stunden im Kühlschrank stehen lassen.
Puderzucker Kakao	Den Zuccotto stürzen und mit dem Puderzucker-Kakao-Gemisch bestreuen.

Biscotti di Prato

Mandelkekse

4 ganze Eier
4 Eigelb
700 g Zucker

Eier, Eigelb und Zucker kräftig rühren, bis die Masse hell ist.

800 g Mehl
250 g geschälte, halbierte Mandeln
Saft einer halben Orange
Eigelb zum Bestreichen

Das Mehl dazusieben, die Mandeln und den Orangensaft daruntermischen, den Teig gut durchkneten und zu einer ca. 2 fingerdicken Wurst formen. Bei Zimmertemperatur ca. 1 Stunde ruhen lassen. Mit Eigelb bestreichen und im vorgeheizten Backofen (ca. 200 Grad, Gasherd Stufe 3) 15 Minuten backen. Die Rolle etwas ruhen lassen und Stücke von ca. 1 cm Dicke davon abschneiden.

*Die Biscotti sind in einer verschlossenen Dose sehr lange haltbar.
Serviert werden sie zu einem süßen Dessertwein (z. B. Vino Santo).*

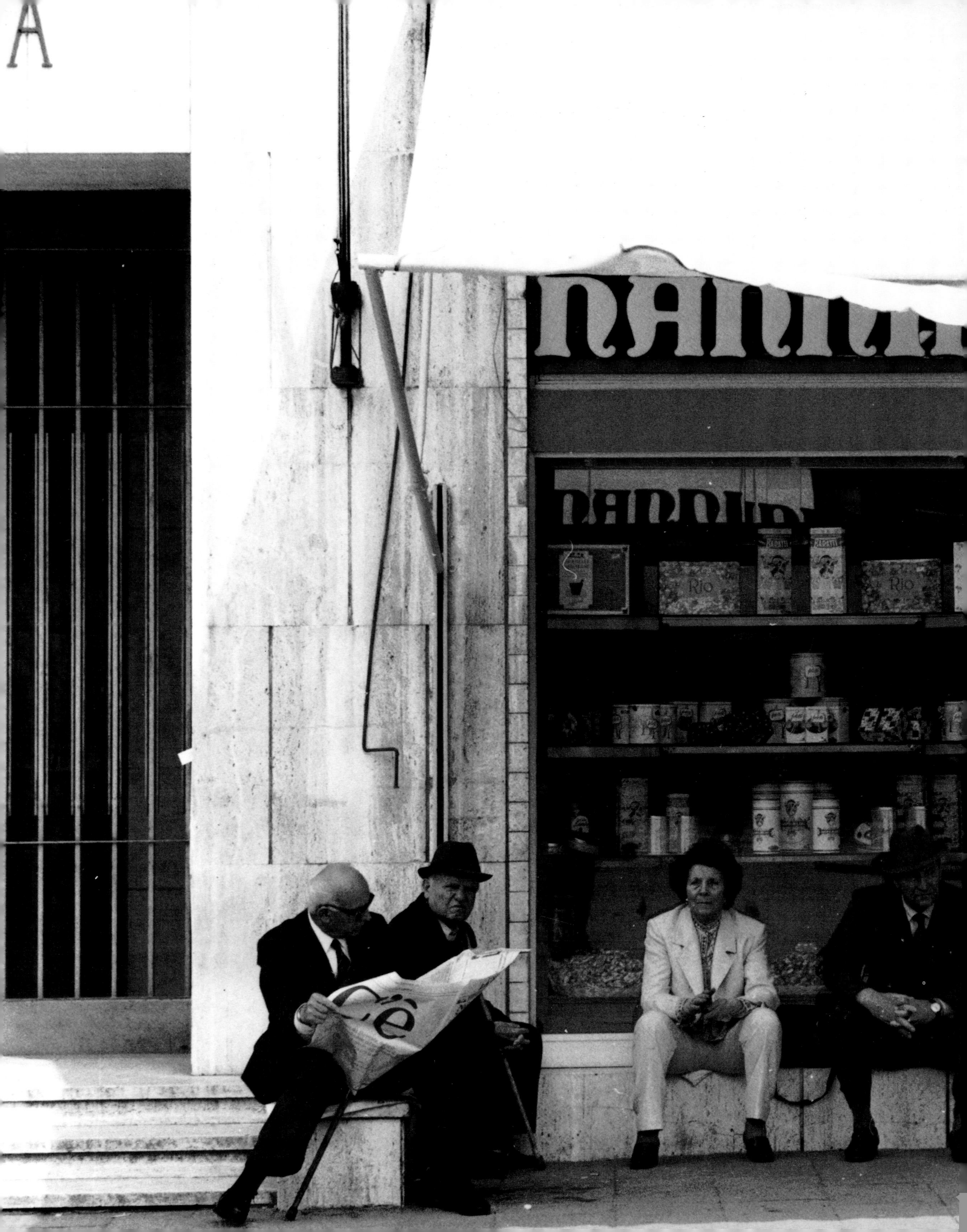
A
Rio
Rio

Castagnaccio
Kastanienkuchen

500 g Kastanienmehl

Das Kastanienmehl in eine Teigschüssel sieben und mit Wasser zu einem glatten festen Teig rühren.

Salz
Olivenöl

Mit einer Prise Salz würzen und so viel Öl dazugießen, bis ein dünnflüssiger Teig entsteht. Ein Kuchenblech mit umlaufendem hohem Rand mit Öl auspinseln und den Teig etwa fingerhoch auf das Blech geben.

1 Handvoll Pinienkerne
1 Handvoll Rosinen
Olivenöl

Die Oberfläche mit den Pinienkernen und Rosinen belegen und mit etwas Öl beträufeln. Im mittelheißen Ofen (180 Grad, Gasherd Stufe 2–3) ca. 45 Minuten backen.

Kastanienmehl erhalten Sie im Reformhaus oder im Italienerladen, auch in größeren Markthallen.

◁ Sonntag-Vormittag in Siena vor dem Zuckerbäcker »Nanini«

Panforte und Torta di cecco, Spezialitäten aus Siena ▷

Macedonia

Fruchtsalat

In der Toscana wird der Fruchtsalat je nach Jahreszeit mit den vorhandenen Früchten und Beeren zubereitet. Exotische Früchte wie etwa Ananas, Kiwis etc. werden gemieden.

Diverse frische Früchte
und Beeren
Saft von 1–1½ Zitronen
1 Eßlöffel Zucker

Die Früchte in mundgerechte Stücke schneiden. Den Zitronensaft und den Zucker darübergeben und mindestens 30 Minuten ziehen lassen.

Pinienkerne
Walnüsse (Baumnüsse)
Weinbeeren
Schokoladenstückchen

Je eine Handvoll Pinienkerne, gehackte Baumnüsse, Weinbeeren und die kleinen Schokoladenstückchen darunter mischen und nicht zu kalt servieren.

San Gimignano, die Stadt mit den interessanten Geschlechtertürmen, bekannt auch für ▷
gutes Olivenöl und Wein

XI.
Wein aus der Toscana

»L'aqua fa male e il vino fa cantare.«

»Wasser macht krank und der Wein läßt uns singen«, ist eine alte Weisheit, wie denn auch der Wein seit alters das Hauptgetränk des Südens ist. Und gerade in der Toscana mit ihrer gefürchteten Sommerdürre trockneten oft die Brunnen aus, das Wasser wurde knapp und ungesund. In den sumpfigen Niederungen der Maremma aber, die heute trockengelegt sind, trank man den Wein als Schutz gegen die Malaria.

Als im vorigen Jahrhundert die Reblaus aus Amerika eingeschleppt wurde und ganze Weinbaugebiete verödeten, da hatte das eine Abwanderungswelle der kleinen Bauern und Pächter zur Folge: ohne Wein konnte man nicht leben.

Allerdings war der Wein, der das tägliche Getränk der Bauernfamilien bildete, kaum mit dem zu vergleichen, den wir heute trinken. Da wurde über die bereits ausgepreßten Trauben Wasser gegossen, und es entstand der »Vinello« oder

»L'acquerello«, ähnlich dem »Haustrunk«, den die Moselwinzer zur Arbeit mitnehmen.

Vier bis fünf Millionen Hektoliter Wein erzeugt heute die Toscana, aber gewiß erfaßt die Statistik, mit der die Italiener sich ohnehin schwertun, nicht die Tausende von Kellern, wo im Herbst ein paar »Damigiane«, große Korbflaschen, Wein gären oder ein, zwei Fäßchen vor sich hin gluckern, wenn um alle Häuser und in allen Gassen der Gärgeruch schwebt.

»Den Wein der Toscana kannst du nicht ausschöpfen«, sagte mir in Lucca ein großer Kenner der Materie mit bewußtem Doppelsinn. Und er fuhr fort: »Fang an mit dem Rosso delle Colline Lucchesi, und dann folge dem Tal des Sercchio in die Berge. Überall zwischen Eichen- und Kastanienwäldern wirst du die Weinberge sehen; vergiß das Städtchen Barga nicht, es hat einen eigenen Wein, und dann fährst du über den Paß, überquerst die Alpi Apuani hinunter zur tyrrhenischen Küste nach Carrara, Massa, Pietrasanta. Da trinkst du den Candia delle Colli Apuani, der ist strohgelb und macht den Fisch gut schwimmen in deinem Magen. Mach Station in Pisa, da-

mit du den Bianco Pisano nicht vergißt. – Nimm die Autostrada von Lucca nach Florenz, da wirst du einem Vino giallo begegnen, dem ›Montecarlo‹, gehaltvoll und trocken dazu.

Und nun bist du in Florenz und kannst in alle Richtungen des Himmels fahren und wirst einen Wein schmecken, für den du mehr als einen Abend opfern möchtest; nach Westen zu der rote Carmignano; nach Bologna hin, im Tal der Sieve, wo die Mediceer in den Kastanienwäldern jagten, den Pomino, rosso e bianco gleich gut. Geh nach San Gimignano, dem türmereichen, vor dessen Mauern der Vernaccia wächst, mit keinem anderen Weißen zu verwechseln. Er war der Lieblingswein Michelangelos; ohne den Vernaccia keine Pietá, kein David und keine Sixtina. Lach nicht, es ist so! Und dann nimm das Land zwischen Livorno und Piombino vor, probier die Rotweine und die Weißweine dort. Und vergiß nicht deine *macchina* abzustellen und das Fährschiff nach Elba zu nehmen, da wachsen Rotweine und Weißweine, womit sich der verdammte Napoleone den Mut angetrunken hat, Europa zum zweitenmal auf die Beine und in Waffen zu bringen. Oder wenn du auf der Strada del Sole bist, kannst du unmöglich versäumen, in Arezzo auszufahren ins Chianatal – da ist der Platz, wo einmal das Paradies war, keiner redet mir's aus. Beim Bianco Vergine dort wirst du länger als einen Tag bleiben.«

»Freund«, sage ich, als er schweigt, »Du hast kein Wort vom Chianti

Signor Franco Barnabei, verantwortlich für die Qualität der Weine der »Tenuta Fontodi« in Panzano u. a.

gesagt.« Da breitet er die Arme aus und sagt: »Willst du alle Sorten und Arten Chianti kennenlernen, dann wirst du ersaufen oder ein halbes Leben lang studieren.«

»Trinke den Wein und laß das Wasser durch die Mühle gehn«, sagen die Toscaner.

»Wem der Wein nicht schmeckt, dem sollte Gott auch das Wasser wegnehmen.«

Nachdem wir uns mit solchen Sprüchen Mut gemacht haben, fahren wir auf der Strada Statale 222 von Florenz nach Süden Richtung Siena. Sie heißt die »Chiantigiana«, weil sie ins Herz der Toscana führt, ins Chiantigebiet.

Als diese Straße noch ein holpriger Karrenweg war, preschte hier ein Florentiner Reiter lange vor Morgengrauen in vollem Galopp. Das war genau im Jahre 1208. Die Republiken Florenz und Siena hatten in ewigen Grenzstreitigkeiten gelegen; damit sollte nun Schluß gemacht werden. Ein Vertrag war geschlossen worden: Beim ersten Hahnenschrei reitet einer los von Siena und einer von Florenz, und wo die beiden sich treffen, da soll fortan die Grenze sein. – Die schlauen Florentiner aber hatten ein besonders feuriges, schwarzes Hähnchen ausgesucht, und ihm am Tag vor dem entscheidenden Ritt nichts zu fressen gegeben. Und dies Hähnchen krähte, kaum daß die fernsten Sterne anfingen zu verblassen. Und so kam der Florentiner bis nach Fonterutoli, ehe er dem Konkurrenten begegnete, ein Dutzend Kilometer von Sienas Stadtmauern. Und dort verläuft heute noch die Provinzgrenze; und

dort ist auch die Grenze jenes Gebietes, das sich »Chianti Classico« nennt, die innerste Herzkammer der Toscana.

Hier begegnet uns das schwarze Hähnchen wieder, der »Gallo nero« als Etikett auf den Flaschenhälsen. Als Chianti ging gar vieles in die Welt, auch viel zweifelhaftes. Da schlossen sich im Jahre 1924 aus dem Gebiet des Chianti Classico 33 Erzeuger zusammen und gründeten das »Consortio vino Chianti-Classico«. Sie beschlossen nicht mehr und nicht weniger als eine strenge Selbstkontrolle der Chiantiqualität. Die optimale Höhenlage der Weinberge wurde festgelegt, die Bodenbeschaffenheit, die Rebstöcke mußten weiter auseinander gepflanzt werden als üblich; der Ertrag pro Hektar ist infolgedessen geringer, der Gehalt der Trauben aber höher, damit auch der Alkoholgehalt des Weines – in Italien ein, unseren Weinkritikern fremdes, Gütemerkmal – er wurde auf mindestens 12,5 % festgesetzt. Schon der Most wird geprüft und für die Bereitung von Chianti-Classico-Wein entweder zugelassen oder verworfen.

Es wird manchen überraschen, wenn er hört, daß der Chianti ein Mischwein ist aus vier verschiedenen Rebarten, zwei roten und zwei weißen. Ehemals ist diese Mischung dadurch entstanden, daß die Weinbauern ihre Reben pflanzten, wie's gerade kam. Das hatte nebenbei den Vorteil, daß Krankheiten sich viel schwerer ausbreiten konnten. Da ist zuerst die ergiebige Sangiovese-Rebe; sie liefert

90 % des Mostes und ist rot. Farbkräftiger noch ist der Canaiolo Nero. Hinzu kommen zwei weiße Sorten: der schon in der Antike angebaute Trebbiano Toscano und die ehemals viel verbreitetere Malvasier-Rebe mit ihrem ausgeprägten Aroma. Eine zusätzliche Eigenart kommt bei der Weinbereitung hinzu: etwa zehn Prozent der Trauben läßt man einen Monat auf Strohmatten trocknen und keltert sie erst dann. Das erhöht natürlich den Zuckergehalt und die Konzentration der Geschmacksstoffe. Dieser besonders edle Traubensaft wird dem übrigen Most zugesetzt, wenn dessen Gärung schon ihren Höhepunkt überschritten hat. Eine neue Fermentation setzt nun ein, die zugleich auch eine Umwandlung der Säuren bewirkt. Im Dezember kommt dann der ausgegorene Wein in Eichenholzfässer. Die mit der Gütebezeichnung »Riserva« ausgezeichneten Weine dürfen erst nach drei Jahren auf Flaschen gezogen werden, in denen sie dann nochmal sechs Monate lagern.

Den so zusammengesetzten und ausgebauten Weinen wird nach der letzten Prüfung durch die Kommission des »Consortio vino Chianti-Classico« der »Gallo nero« verliehen.

Doch damit nicht genug der kritischen Untersuchungen. Seit es in Italien die staatliche Weinkontrolle gibt, bemühen sich die Weinerzeuger, das Gütezeichen »D.O.C.« für ihren Wein zu erringen: »Denominatione di Origine Controllata«; diese Auszeichnung hat sozusagen noch eine 1. Klasse hinzubekommen: »D. O. C. G.« das beige-

Principessa Eleonora Ruspoli Berlingieri vom Weingut La Tenuta di Lilliano, Castellina in Chianti

fügte »G« bedeutet »Garantita«. Und diese höchste staatliche Gütebezeichnung tragen alle Weine des »Gallo nero«.

Eine Weinprobe, selbst beim kleinen Bauern, ist eindrucksvoll: Da wird zuerst mit Brot, dann mit Brot und Salz und schließlich mit Brot und Käse geschmeckt und geurteilt, ein Zeichen dafür, daß in Italien der Wein immer noch in erster Linie zum Essen getrunken wird.

Die staatliche Kontrolle und die des Consortio hingegen geschieht zusätzlich mit allen Mitteln chemischer Analyse.

Die für uns immer noch typischen Chianti-Flaschen mit ihrer Umhüllung aus getrockneten Schilfblättern wird man beim Chianti-Classico kaum noch finden. Er wird in Bordeaux-Flaschen abgefüllt. – Die Chianti-Flasche ist eine toscanische Erfindung, und früher gab es in jeder Familie von Weinbauern eine Frau, die diese Umhüllungen herstellen konnte.

Eigentlich muß man das Chianti-Classico-Gebiet erwandern. Aber das kann man dem Touristen, der seinen Sommerurlaub in der Toscana verbringt, nur schwer zumuten, Herbst und Frühjahr sind da besser geeignet. Also muß ich, wenn ich trotzdem unserem Sommerurlauber einen Tip gebe, der nur wenige Kilometer Wanderung bedeutet, notwendig ungerecht sein; es gibt so viele Wege über Bergeshöhn und Wälder, zwischen Rebanlagen und Olivenhainen, so viele in die Täler geschmiegte oder hoch auf Hügeln erbaute Städtchen und Dörfer, eine solche Perlenkette von sehenswerten alten Weingütern, daß ich nur mit schlechtem Gewissen ein einziges hervorhebe und nenne: Die Abtei zur guten Ernte, »Badia a Coltibuono«.

Auf der Strada del Sole nehmen Sie die Ausfahrt Valdarno und fahren durchs Land bis zur Abzweigung links nach Gaiole in Chianti. Von da aus wandern Sie nach Norden durch Wälder von Eichen, Tannen und Kastanien, vorbei an sanften Rebenhügeln, bis das Land sich zu einem grünen Talrund weitet. Da liegt vor Ihnen mit seinen vielfach verschachtelten Ziegeldächern, überragt von dem viereckigen, zinnenbewehrten Turm die kurz nach dem Jahr 1000 erbaute ehemalige Benediktinerabtei. Daß in dieser paradiesischen Landschaft schon viel länger Menschen lebten und ihr Leben genossen, das zeigen die Ausgrabungen aus etruskischer Zeit auf dem Hügel westlich von Badia a Coltibuono. Weiter südlich hat später die Familie der Ricásoli ihr Zollkastell gehabt, erbaut im achten Jahrhundert; den Turm können wir noch sehen.

Und dann treten Sie durch den Torweg ein in das weite, steingepflasterte Geviert des Innenhofes von Coltibuono wie in eine andere Welt. Rechts sind die Weinkeller, wo in riesigen Eichen- und Kastanienfässern 240 000 Liter Chianti-Classico reifen, gewachsen in Höhenlagen von 400 Metern, links die Renaissanceabtei mit ihren al fresco ausgemalten Wänden. Die Benediktinermönche, die hier lebten, haben ihren Wein auch an den Mediceer-Hof nach Florenz geschickt. Und heute herrscht hier als Hausfrau Lorenza di Medici. Das Mahl, das Sie im Refectorio genießen, ist auf den Chianti-Classico von Coltibuono abgestimmt: Variationen von Crostini zum kleinen Imbiß, oder zum Menü »Verdura in bagna cauda« »Penne con bietole« (Nudeln mit Rüben), »Pecorino all' olio« und viele andere Spezialitäten. Der amerikanische Professor der Kunstgeschichte, ein Aussteiger eigener Art, der hier den Majordomus macht, wird Ihnen sachkundig aus der Historie der Abtei erzählen und Ihnen den Weinkeller und auch die Ölmühle zeigen, denn, wie fast überall im Chianti-Classico-Gebiet wird hier neben dem Wein auch ein herrliches Olivenöl gepreßt.

Wer zur Weinlese in die Toscana kommt, sollte es nicht versäumen, die Schiacciata-Brote zu versuchen, die dann gebacken werden: Hefeteig mit Salz und Olivenöl, die flachen Fladen mit frischen Trauben gefüllt.

Neben dem Chianti-Classico mit dem schwarzen Hähnchen ist auch der mit dem Putto im Flaschenhalsetikett von hoher Güte. Auch der Chianti von Montalbano, von den Colli Fiorentini, den Colli Sienesi, den Colli Aretini, Colline Pisane und von Rufina müßte zum Vergleich herangezogen werden.

Man gerät ins Aufzählen, denn einige wichtige und kostbare Weine der Toscana hat auch unser Freund aus Lucca vergessen: da ist der Brunello di Montalcino, ein kräftiger Rotwein, den mancher Liebhaber als den teuersten Wein Italiens nennt »il vino piu caro«, wobei er nicht unbedingt nur an den Preis denkt, der rubinfarbene Vino Nobile di Montepulciano und der Weißwein von Pitigliano.

Weinerlebnisse in der Toscana sind ohne Ende. Wenn ich des alten Eufemio gedenke, der einen Weinberg mit den ganz besonderen Fragola-Reben bewirtschaftete, wie er am Kamin hockte, die Brotscheiben mit Knoblauch eingerieben, über der Glut am Messer aufgespießt röstete, und wenn er die Gläser aus der Damigiana füllte, sagte: »Quando il capello tira al bianchino, lascia la donna e tienti al vino.« – »Wenn das Haar anfängt weiß zu werden, laß die Frau und bleib beim Wein.«

Wer allzu einseitig auf den trockenen Wein eingeschworen ist, der winkt zum eigenen Schaden voreilig ab, wenn ihm der »Vino santo« angeboten wird, ein sehr voller und süßer bis halbtrockener Wein. Die Bauern der Toscana haben immer schon, wenn sie es sich leisten konnten, eine kleine Menge von diesem »Vino santo« hergestellt für besonders festliche Anlässe, als Stärkung für Genesende, für schwangere Frauen und nach der Geburt. – »Woher kommt dieser Name?« fragte ich. Und der Contadino antwortet weise: »Entweder ist dieser Wein heilig, weil er bei der heiligen Messe verwendet wird, oder er wird bei der heiligen Messe verwendet, weil er heilig ist.«

Eine lokale Überlieferung erzählt: Beim Konzil von Florenz, als der Versuch unternommen wurde, die lateinische und die griechische Kirche wieder zu vereinigen, soll ein Metropolit diesen Wein zu kosten

bekommen haben und dabei in den verzückten Ruf ausgebrochen sein: »Aber der schmeckt ja wie der Wein von Xanthos!« Daraus sei dann »Vino santo« geworden.

Die Herstellung des »Vino santo« ist, seinem Wert entsprechend, langwierig: Ausgewählte Trauben, vor allem der Malvasier-Reben,

werden zwei Monate lang getrocknet, natürlich im Schatten. Danach preßt man sie vor Mitte Dezember. Der Mostertrag ist gering, der Zuckergehalt hoch. Fünf Jahre muß der »Vino santo« dann in kleinen Eichenfässern reifen. Auf ihn bezieht sich das toscanische Sprichwort: »Im kleinen Faß liegt guter Wein.« Der »Vino Santo« wird am Ende des Mahls, das mit »Dolci«, mit Kuchen und Gebäck, schließt, getrunken. Kleine, fingergroß ge-

schnittene Stücke von hartem Mandelkuchen in diesen Wein getaucht, vertreiben die Müdigkeit nach dem Essen.

Man hat in der Toscana lange daran festgehalten, die Trauben vor dem Keltern mit den Füßen zu stampfen. Feine Weinzungen haben angeblich den Unterschied bemerkt, ob die Trauben von den Walzen der Mühle zerdrückt worden waren, wobei immer auch die herben Kerne und Stengel mitgequetscht wurden, oder von den weichen menschlichen Füßen. Ich habe sie noch im Bottich auf den Trauben herumspringen sehen, allerdings leider nur zwei alte Männer mit hochgekrempelten Hosen.

Ehedem – vor allem auf den großen Gütern – mußten das die jungen Mägde machen; und die würdigen padroni e signori saßen dann rundum, labten sich an altem Wein und an dem Anblick der jungen Mädchenbeine, damals noch eine Rarität. Auch das gehörte zu den Freuden der Weinlese, wie die Scorpacciata, das große Essen, wie Musik, Tanz und Gesang:

»Erhebt euch, ihr Trinker und Esser!
Der Tag der Genießer ist da.
Heut leben wir lust'ger und besser als Joseph und Potipha.
Dazu wird getanzt und gesungen, da hüpfen die Alten und Jungen.
Viva la vendemmia! (Weinlese)
Wir hab'n auch den Pfarrer geladen.
Der sagt, er liegt krank im Bett.
In Wirklichkeit tut er sich Schaden an der Magd und am Braten so fett...«

Norman M. Bain, der Besitzer des Weinguts »Le Masse«, Panzano in Chianti

Erstaunlich, daß bei soviel Wein und soviel Lebensfreude der Anblick eines Betrunkenen zu den italienischen Seltenheiten gehört. Das toscanische Sprichwort sagt warnend: »In der Traube sind drei Kerne: der erste für die Kraft, der zweite für die Fröhlichkeit, der dritte für den Rausch.«

Und mit nicht minder erhobenem Zeigefinger: »Ein Glas Wein, da trinkt der Mann den Wein, zwei Glas, da trinkt der Wein den Wein, drei Glas, da trinkt der Wein den Mann!«

In Arezzo freundete ich mich mit Bertoldo an, einem Arbeiter bei den etruskischen Ausgrabungen. Er wußte, wo der beste Wein am billigsten zu haben sei. Wir füllten in der Cantina zwei Kanister, einen mit Rotem und einen mit Weißem. Auf dem Rückweg trug jeder einen Kanister. Aber als wir in Bertoldos Stadtviertel kamen, da gab er mir

Zum Trocknen aufgestellte Keramikrohlinge

seinen Kanister und sagte: »Sonst schimpft man mich einen Trincatore!«

»Trincare«, ein Lehnwort aus dem Deutschen. Die Deutschen sind es gewesen, die schon vor Jahrhunderten den Italienern gezeigt haben, was Saufen heißt. Übernommen haben die Toscaner nur das Wort. Wie alt es ist, beweist das Lied, das aus der Zeit stammen muß, als Frundsberg mit seinen Landsknechten zum »Sacco di Roma« gegen Papst Clemens VII. zog, aus der ersten Hälfte des 16. Jahrhunderts:

»Lanze trinche, trinche Lanze...«

»Landsknecht trinke, trinke Knecht,
Trinken ist dein gutes Recht.
Wer beim Leib des Antichrist
trinkt, der Furcht und Not vergißt.
Trebbiano, Malvasier
trinkt, dann seid gewaltig ihr,
mutig, mächtig und bezecht;
Landsknecht trinke, trinke,
Knecht!«

XII.

Die Olive
»la figlia del sole«

»Die Tochter der Sonne«, nennen die Poeten die Olive, aber der Olivenbaum verlangt wohl heiße, lange Sommer, doch auch ein gewisses Maß an Winterkälte, um zu neuer Blüte angeregt zu werden. Er ist deshalb kein Baum der Tropen, sondern gedeiht dort, wo zwischen gelassenem Genuß und harter Arbeit unsere Kultur ihren Ausgang nahm: rund um das Mittelmeer. Ein langlebiger Baum – er soll bis zu tausend Jahre alt werden – und er widersteht der Trockenheit und zwingt seine Wurzeln in den steinigsten Boden. Er ist immergrün und wechselt seine Blätter nach und nach alle zwei, drei Jahre im Frühling, immergrün wie die Hoffnung auf den Frieden; die Flagge der Vereinten Nationen zeigt seine Zweige, die Taube Picassos trägt einen Olivenzweig im Schnabel.

Doch unverletzlich ist sie nicht, die »Olea europaea«, das wird der Toscanareisende auch noch in den nächsten Jahren erkennen an den traurigen Bildern abgeholzter Olivenhaine, die im strengen Winter 1984/85 erfroren sind und nun teils langsam von der Wurzel her wieder austreiben oder neuangepflanzt werden. Es ist nicht die erste Katastrophe dieser Art: 1709, 1846 und 1850 geschah Ähnliches. Und in unserem Jahrhundert vernichteten Fröste nun schon zum viertenmal die Olivenbestände. Es dauert aber fünf Jahre, ehe ein neugepflanzter Baum trägt. Und so war denn die Stimmung der Olivenbauern, als wir voriges Jahr durch die Toscana fuhren, nicht die beste.

Das Castello di Volpaia bei Radda liegt auf einem 600 Meter hohen, sanften Berg, ein kleines Dorf, eng um eine romanische Kirche geschart, von wo der Blick weit über die Rebgärten und bewaldeten Höhenzüge ringsum geht. Mitten auf dem Dorfplatz steht der Brunnen und gleich links davon geht es die Stufen hoch zum Hause der Familie Stianti, die hier im wahrsten Sinne residiert, denn ihr gehört das ganze Dörfchen Volpaia mitsamt allen Häusern und dem Kirchlein. Wir saßen im Schatten der Pergola und tranken Bianco di Volpaia – er ist leichter als der wunderbare Chianti classico, der hier wächst, und deshalb für den Morgen besser geeignet.

Worauf Signor Stianti zuerst zu sprechen kam? Er sagte: »Wir hatten genau 2782 Olivenbäume, und es haben nur 92 davon den Winter überlebt. Wir werden 3000 neue Bäume pflanzen, aber es wird fünf oder sechs Jahre dauern, ehe wir wieder eine eigene Olivenölproduktion hier haben.«

Nicht allein diese Investition war es, die ihn schmerzte, es war auch die Angst, den guterschlossenen Markt drüben in Amerika zu verlieren. Signor Stianti sagte: »Die Amerikaner haben erkannt, daß Olivenöl für Herz und Kreislauf das beste ist, und wenn sie einmal etwas begriffen haben, dann stehen sie dazu.«

Tatsächlich, man liest, daß sich der Konsum an Olivenöl in den USA seit 1980 um unglaubliche 2000 Prozent erhöht hat. Dahinter steht die Erkenntnis, daß Olivenöl mehr als 73 % einfach-ungesättigte Fettsäuren enthält, und daß eben diese einfach-ungesättigten Fettsäuren den Cholesterinspiegel im Blut senken.

Wir hatten die Olivenbäume bei der Auffahrt zum Dorf gesehen, die den Winter überlebt hatten; sie waren klein, denn sie leben hier an der Grenze ihrer Existenzmöglichkeit. Aber es scheint mit den Oliven wie mit dem Wein zu sein: Die Härte der Lebensbedingungen, die Grenzsituation, mindert die Quantität, aber sie erhöht die Qualität.

Signor Stianti berichtet: »Hier in 600 Meter Höhe – und höher als rund 700 Meter kann der Ölbaum nicht klettern – bei den vorherrschenden Nordostwinden haben wir keine Schädlinge. Die ›mosca olearia‹ kommt bei uns nicht vor; diese kleine Fliege legt ihre Eier in die Olivenfrüchte, und das beeinträchtigt den Geschmack des Öls. Wir brauchen keine Gifte zu spritzen.«

Auch anderwärts, wo die Olivenfliege ihr Unwesen treibt, wo Pilzbefall die Blätter dürr werden läßt oder Bakterien in den Saftstrom eindringen, hält man sich mit chemischen Behandlungen zurück. Es gibt keine Fruchtpflanzung, die so wenig mit Schädlingsbekämpfungs-mitteln gespritzt wird, wie die Olivenhaine; denn das Öl in den Früchten zieht Gerüche und Fremdstoffe an und hält sie fest. Die Toscaner aber sind höchst kritisch ihrem Olivenöl gegenüber. Kaum einer kann kritischer sein als Signor Stianti.

Signora Giovanella Stianti setzte sich zu uns und sorgte, daß wir zum Wein Brot und Salami bekamen und sie erinnerte daran, daß unbedingt von der Olivenernte zu sprechen sei.

Da ist Signor Stianti bei seinem Thema: »Oliven, die ein hervorragendes Öl geben sollen, dürfen nur mit der Hand gepflückt werden«, sagt er. »Gerade weil die Bäume hier niedrig sind, ist das möglich.

Olivenöl-Aufbewahrung in Tonkrügen in der Frantoia di Santa Tea von Piero Gonelli in Reggelo

Allerdings kostet das viel Arbeit, und es ist teuer, denn es ist eine mühselige, langwierige Arbeit.« Und er setzt mit bedenklichem Gesicht hinzu, daß sein jüngster Olivenpflücker schon 54 Jahre alt ist. »La brucatura« heißt die Olivenernte mit der Hand, wie sie früher allgemein üblich war; höchstens daß man einen grobzinkigen Kamm aus Holz oder Eisen zur Hilfe nahm. Heute aber werden die Oliven meist mit Stöcken von den Bäumen geschlagen. Nach dem Kriege kamen die Bauern auf die Idee, alte Fallschirme unter den Bäumen auszubreiten; heute sind es meist Kunststoffnetze, die man ausspannt, um die herabgeschlagenen Oliven aufzufangen.

»L'abbacchiatura‹ – das Herabschlagen der Oliven – ist eine praktische, aber schreckliche Methode«, sagt Signor Stianti. »Die Oliven werden dabei verletzt, und wenn sie nicht gleich in die Ölmühle kommen, dann beginnt an den verletzten Stellen eine Oxydation, die den Ölgeschmack beeinträchtigt. Noch schlimmer ist es, wenn man wartet, bis die Oliven von selber abfallen. Das ist im Januar, Februar. Sie sind dann überreif und geben ein schweres, fettes Öl ohne Bouquet, ohne Aroma.«

»A Santa Reparata ogni oliva inoliata«, sagt die Bauernregel: »Zu Santa Reparata hat jede Olive Öl.« Der 8. Oktober ist der Festtag der heiligen Reparata. Die Olivenernte aber findet erst im November und Dezember statt; und die Männer, Frauen und Kinder, die vor kurzem noch in der Sonnenwärme des Herbstes die Trauben gelesen ha-

ben, ziehen nun, dickvermummt gegen den kalten Winterwind, mit ihren Körben zu den Olivenpflanzungen.

Signor Stianti bietet uns in einem Schüsselchen eingelegte grüne und schwarze Oliven an und sagt lachend: »Man trifft immer wieder Leute, die meinen, es gebe zwei Sorten Oliven, eben grüne und schwarze. Es ist aber dieselbe Frucht, nur daß die schwarzen Oliven reif sind. Das beste Öl geben die Oliven, wenn sie sich zwischen den beiden Stadien der Reife befinden, zur Zeit der ›Rotreife‹«.

»Das beste Olivenöl ist doch wohl das mit dem Etikett ›extra vergine‹«, sagen wir. Aber Signor Stianti schüttelt fast verzweifelt den Kopf: »Die Bezeichnung ›extra vergine‹ sagt nur etwas aus über den Säuregehalt des Öls. In Italien, in Frankreich und Spanien hat man sich gesetzlich festgelegt: ›extra vergine‹ oder ›vierge extra‹ oder ›virgen extra‹ darf sich ein Öl nennen, das nicht mehr als 1 % Säure hat. Wir hier im Chianti-classico-Gebiet haben uns strengere Maßstäbe gegeben: bei uns hat extra-vergine-Öl nur 0,5 % Säure. Aber leider ist der Säuregehalt keineswegs ein ausreichender Faktor, um die Qualität des Öls zu bestimmen. Denn man kann den Säuregehalt auch chemisch herabsetzen. – Die USA haben seit 1982 bessere, vernünftigere Bestimmungen: Das kalifornische Olivenöl darf nur dann das Gütezeichen ›extra virgin‹ oder ›virgin oil‹ tragen, wenn es aus der ersten kalten Pressung stammt, ohne jede Nachbehandlung. Wir hier in Volpaia erzeugen nur auf diese Weise

Öl: eine einzige Pressung, ohne Hitzeeinwirkung, ohne chemische Behandlung.«

Der Italientourist hat kaum je Gelegenheit, eine Ölmühle in Tätigkeit zu erleben; die haben ihre Saison im Dezember und Januar. Dann poltern die runden Granitsteine – heute meist elektrisch betrieben – ohne Unterlaß rund durch den Kollergang. Sie wiegen acht Tonnen und zerquetschen die Oliven zu Mus, zur Pulpe. Nur Weihnachten und Neujahr ruht die Mühle für acht Stunden. In der Ölmühle von Pisignano, unweit von Badia di Coltibuono, habe ich einen solchen winterlichen Arbeitstag einmal erlebt, der anmutet wie ein Fest; denn draußen vor dem kleinen Gebäude warten die Bauern auf ihr Öl, trinken Wein, schwätzen und lachen. An die 150 Bauern geben hier ihre Ernte ab. Und wenn ihre Oliven die hydraulische Presse mit ihren 300 bis 400 Tonnen Druck passiert haben und das noch trübe Öl in die Bottiche läuft, dann tauchen sie ein Stück Brot hinein, probieren und loben und kritisieren.

Noch enthält das Öl viel Wasser, das sich dann absetzt oder durch Zentrifugen separiert wird. Aber ein so penibler Ölerzeuger wie Signor Stianti befürchtet, diese Zentrifugen könnten dem Öl schaden und nimmt sich lieber Zeit. Und es kostet noch einmal ruhiges Abwarten, ehe das Olivenöl sich in den großen Tonbehältern klärt und die Schwebepartikelchen zu Boden sinken. Erst dann wird es durch Baumwolltücher gefiltert und auf Flaschen gezogen. Keramikfilter sind bei den Puristen der Ölerzeugung allerdings verpönt, denn sie senken den Säuregehalt.

Signor Stianti hatte vor uns eine Reihe von Olivenölflaschen aufgebaut. »Von Lucca, von Massa, von Siena, von Fiesole«, zeigte er und sagte: »Es ist eine wahre Tragödie: so viele Weinkenner gibt es und sowenig Ölkenner. Dabei hat jede Gegend, ja, jede Lage, ihren ›Cru‹, wie beim Wein. Es gibt in New York ein Restaurant, Sirio Magioni, das beste Restaurant von New York, wenn Sie da einen Salat bestellen, dann bekommen Sie 30 verschiedene Olivenölsorten zur Auswahl: Hier ist ein ligurisches Öl, hier eines aus der Provence, dies ist aus einer bestimmten Lage der Toscana. Sie können aussuchen. Eine Kultur des Olivenöls, das ist es, was entstehen muß.«

»Aber wie probiert man Olivenöl?« – Signor Stianti macht es uns vor: er schüttet etwas Öl in ein Weinglas, prüft Farbe und Geruch, er zerreibt einen Tropfen in der Handfläche, prüft die Konsistenz, die Fettigkeit. Auf dem Handrücken läßt er einen Tropfen zerlaufen und hält die Nase darüber. Dann erst nimmt er ein wenig in den Mund, drückt mit der Zunge gegen den Gaumen, atmet tief, läßt dann das Öl den ganzen Mund und die Lippen benetzen, um festzustellen, ob am Ende ein unangenehmer fettiger Belag bleibt; er schluckt endlich. »Das ist wichtig gerade beim toscanischen Öl, das einen pfefferigen Nachgeschmack im Rachen hat.«

»Die Worte fehlen, um das Öl zu beschreiben, Signor Stianti!«

Er nickt: »Wein zu beschreiben ist leichter. – Dies Öl zum Beispiel hat ein mandelartiges Aroma, ein hohes Qualitätszeichen. Öl kann ›fruchtig‹ schmecken und hat den deutlichen Geruch der Olive; das bedeutet, bei der Pressung war ein hoher Gehalt an grünen Oliven dabei, oder wir haben ganz frisch gepreßtes Öl vor uns. ›Rustikal‹ ist das Öl der Toscana, herzhaft, geschmackstoffreich und eben ein wenig pfefferig. ›Fett‹ ist das Öl von beschädigten oder zu lange gelagerten oder überreifen Früchten. Es hinterläßt diesen haftenden Belag im Mund. Ist ein Öl ›glatt‹ und ›flüssig‹, dann weiß man, es stammt aus der zweiten oder dritten Pressung und ist meist chemisch behandelt, raffiniert. ›Süß‹ ist das Kennzeichen des Provence-Öls, ein Damenöl. Aber die meisten Eigenschaften des Olivenöls sind tatsächlich unbenamt, die habe ich auf der Zunge und im Kopf.«

Ich konnte mich nun doch nicht enthalten, diesen Hohenpriester des Olivenöls zu fragen, was er denn mit der einmal gepreßten Olivenmasse mache. Da wendet er den Kopf ab und hebt beide Hände und wischt mit geöffneten Handflächen durch die Luft: »Das geht an die Industrie. Und die machen mit chemischen Mitteln daraus noch mal ›extra vergine‹ und dann ›soprafino‹ und ›Olivenöl‹ und ›olio lampante‹ und, und, und ich will's gar nicht wissen!«

»Aber der Preis, Signor Stianti!«

Da sieht er uns wieder voll an: »Natürlich der Preis! Unser Öl kann sechsmal soviel kosten wie das Öl im Supermarkt. Aber wir haben hier im Chianti-classico-Gebiet alte Dokumente, 400 Jahre alt, und die besagen: Damals hat ein Liter bestes Olivenöl soviel gekostet wie ein Kilo gutes Fleisch. Und, sehen Sie, das ist gleich geblieben über alle Jahrhunderte. Und es geht auch nicht anders bei unserem Arbeitsaufwand, bei unserer geringen Ausbeute durch eine einzige Pressung. Das Öl dieser Spitzenqualität ist in Relation sogar billiger als vor 400 Jahren: heute bezahlen Sie für ein Kilo Fleisch 25 000 Lire, und ein Liter ›extra-vergine‹ kriegen Sie von mir für nur 20 000 Lire.«

Natürlich hat es keinen Sinn, diese Öl-Kostbarkeit zum Kochen oder sogar Braten zu verwenden. Schon bei wenig mehr als 75 Grad verliert es seinen einmaligen Geschmack. In der Toscana gibt man Olivenöl wie eine Würze nach dem Kochen zur Minestrone oder träufelt es über die gekochten Bohnen oder das Bistecca. Salate sind die Domäne des Extra-vergine-Öls. Und dafür heißt das allgültige Rezept:

»L'insalata vuole l'olio da un prodigo,
l'acete da un avaro,
il sale da un sapiente,
rivoltata da un pazzo
e mangiata da un affamato.«
»Salat will Öl von einem Verschwender,
Essig von einem Geizhals,
Salz von einem Weisen,
will gemischt sein von einem Verrückten
und gegessen von einem Ausgehungerten.«

Eine Keramik-Werkstatt mit Tradition ▷
in der Nähe von Castellina in Chianti

Die Olivenfrüchte selbst sind, gleich in welchem Zustand, ob grün oder schwarz, ziemlich ungenießbar. Sie bedürfen einer Behandlung, ehe sie zum Antipasto taugen oder zur Beilage beim »coniglio alla cacciatora« oder einfach zum Wein. Man legt sie in Öl ein oder in Wasser, das oft gewechselt werden muß. Man konserviert sie in Salzwasser oder trocken in Salz, um sie ab und an mit Öl einzureiben. Diese Prozeduren dauern Monate. Rasch verzehrbare Oliven erhält man in einer Lauge von Pottasche. In der Toscana werden zum Einlegen die Oliven der Leccino-Rasse verwendet. Erst nach der Vorbehandlung werden die Oliven ge-

würzt, etwa mit Orangenschalen oder mit Fenchel.

Wir haben nur von der Ernte der Oliven gesprochen, nichts gesagt von der Arbeit das Jahr hindurch: das Schneiden, das eine besondere Kunst ist, das möglichst zweimalige Pflügen des Bodens, das Düngen mit Stickstoff oder den Abfällen der Wollindustrie. – Die Toscana steht mit ihrer Olivenölerzeugung an vierter Stelle in Italien, 195 000 Hektar sind mit Olivenbäumen bepflanzt, aber sie steht, vor Ligurien, an erster Stelle in der Qualität ihres Olivenöls.

Wir verabschiedeten uns von dem Wein-und-Oliven-Dorf Volpaia und von dem Wein-und-Oliven-

Fürstenpaar Stianti. Es gibt eine Reihe solcher Familienbetriebe in der Toscana und vollends im Chianti-classico-Gebiet, deren Geschäftsprinzip ganz und gar auf Qualität beruht. – Signor Stianti packte uns von seinem Chianti-classico in den Kofferraum. Und dann hielt er zwei viereckige Flaschen in den Händen, sah die Flaschen liebevoll und uns mißtrauisch an; in den Flaschen schimmerte grüngoldenes Olivenöl.

Und Signor Stianti sprach: »Auch das ist eine wahre Tragödie: Jeder Mensch weiß, wie er den Wein aufzubewahren hat, aber es gibt Leute, die stellen ihr Olivenöl einfach in den Kühlschrank. Das hält kein

Olivenöl aus. Oder sie lassen es auf dem Küchenbord stehen, in Hitze und Licht, und beides mag Olivenöl nicht leiden. Ein so kostbares Olivenöl...«, und er drückte uns die beiden Flaschen in die Hände, »...muß bei Temperaturen zwischen 12 und 20 Grad aufbewahrt werden und im Dunkeln. Dann hält es die ganze Geschmacksfülle für ein Jahr. Leider ist es anders als beim Wein: Olivenöl baut ab beim Lagern. Ein Olivenöl, älter als drei Jahre, sollte man zurückweisen. Aber der Gesetzgeber schläft und zwingt die Ölerzeuger nicht endlich dazu, das Jahr der Olivenernte auf ihre Flaschen zu drucken.«

Die Töpferkunst der Toscana geht bis in die Zeiten der Etrusker zurück. Die alten Traditionsformen der Gefäße und Muster sind erhalten geblieben. Olivenöl und eingelegte Oliven findet man immer noch in Tongefäßen, die auch vor zweitausend Jahren von der Hand des Töpfers geformt worden sein könnten. – Auch das häusliche Geschirr hat die alten Formen und Muster bewahrt.

XIII.
Rezeptverzeichnis
italienisch

XIV.
Rezeptverzeichnis
deutsch

Desserts

Gert v. Paczensky
Cognac

Fotos von Jürgen D. Schmidt
Aquarelle und Zeichnungen von Jean-Pierre Haeberlin

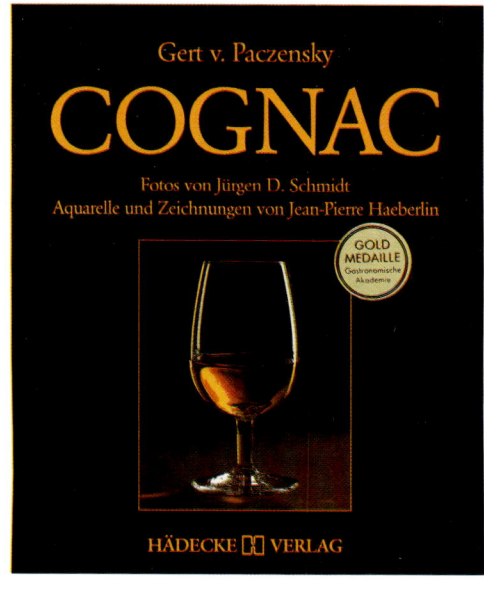

»Einen Cognac!« zu verlangen – das wäre, wie wenn Sie im Restaurant »ein Essen« bestellen würden. Es gibt berühmte Firmen, die gut von Arrangements mit Lokalen leben, wo auf solche pauschale, ungenaue Bestellung der ihre eingeschenkt wird. Gut für sie, und wahrscheinlich auch gut für den Gast. Aber ...

Aber es gibt mehrere tausend verschiedene Cognacs, wenn man die vorhandenen Lagen, Marken, Alters- und Qualitätsstufen vom Drei-Sterne-Produkt bis zum Edelsten zusammennimmt. Ebenso wie Tausende von Weinen. »Einen Wein!« wäre für Weinliebhaber wohl auch nicht ausreichend, weder als Wunsch noch als Angebot. So viele Cognacs – selbst Liebhaber und Spezialisten kennen nur einen winzigen Teil davon – können also die vielfältigen Genußmöglichkeiten, die ihrer unter dem gemeinsamen Dach »Cognac« harren, nicht

entfernt auskosten. Aus dieser Fülle verschiedener Nuancen und Geschmacksrichtungen könnten sich Bars und Restaurants ebenso wie Privatleute eine weit bessere Auswahl zusammenstellen, und sei sie auch noch so klein, als wir im allgemeinen erleben, eine wesentlich individuellere. Aber woher? Was? Wie? Wo?

Dieses Buch erschließt Ihnen die verlockende, praktische, den Kenner begeisternde Welt des Cognac. Es gibt Ihnen mehr Informationen, als Sie in tausend Bars sammeln könnten – und mehr, als je in einem Buch über dieses Getränk vereint worden sind. Es wird Ihnen helfen, Ihren Lieblingscognac zu finden. Auch in Deutschland gibt es schon eine fürstliche Auswahl; wir nennen Adressen.

Dieses Buch wurde geschrieben, damit Cognac-Genuß nicht länger eine Geheimwissenschaft bleibt.

Rund 3000 Cognacs und ca. 1000 Marken auf 223 Seiten mit über 150 Farb- und Schwarzweißfotos, Aquarellen und Zeichnungen, zahlreichen Vignetten und Etiketten-Abbildungen, Großformat ca. 24 × 29 cm, Ganzleinen.

Hädecke Verlag  D-7252 Weil der Stadt

Toulouse Lautrec · Maurice Joyant

Die Kunst des Kochens

Deutsche Bearbeitung von Horst Scharfenberg

Daß der leidenschaftliche Maler auch begeisterter Koch und Gastgeber war, beweist dieses Koch-

Kunstbuch mit klassischen französischen Rezepten. In der Bearbeitung von Horst Scharfenberg entstand ein hochwertiges Rezeptbuch, nach dem man raffiniert kochen kann und das mit Menükarten und Vignetten des großen Malers reich illustriert ist.

Rund 200 Rezepte, 164 Seiten, 30 farbige Menükarten, über 100 Vignetten. Ganzleinen.

Hädecke Verlag  D-7252 Weil der Stadt